草原是我国面积最大的陆地生态系统，是主要江河的发源地和水源涵养区，是我国北方重要的防沙治沙屏障；草原是我国畜牧业发展的重要资源，为牧区畜牧业的发展和牧民增收提供了重要的生产资料；草原牧区多分布在边疆地区和少数民族地区，承担着维护民族团结和边疆稳定的重要任务；草原牧区位置偏远，经济社会发展相对落后，是我国贫困人口的集中分布区，是全面建成小康社会的重点和难点。

“十二五”时期是我国草原保护政策的集中出台期，党中央做出了生态文明建设的重大战略部署，草原保护建设工作已经成为建设生态文明、实现绿色发展的重要着力点；国务院召开全国牧区工作会议，印发《关于促进牧区又好又快发展的若干意见》，启动实施草原生态保护补助奖励政策，完善退牧还草工程内容，一系列强牧惠牧富牧政策陆续出台，草原保护建设支持和投入力度加大，草原保护建设步伐加快，草原工作进入了新阶段。中共中央总书记习近平对生态文明建设做出重要指示，强调树立“绿水青山就是金山银山”的强烈意识，努力走向社会主义生态文明新时代。草原工作迎来新机遇，翻开了新篇章。

本报告对“十二五”时期的草原政策、草原法制建设、草原资源保护、草原生态建设、草原监测预警、草原防灾减灾、草原科技教育、草原技术推广、草业发展等草原工作及成效进行了总结提炼，全面地反映了我国草原工作状况和进展，以使全社会更好地理解国家保护草原生态、促进牧区又好又快发展的坚强决心和坚定意志。报告立足现实，面向未来，对于持续做好我国草原保护建设工作具有承前启后的重要意义。

编　者

2011—2015

CHINA GRASSLAND DEVELOPMENT REPORT

中国草原发展报告

中华人民共和国农业部

中国农业出版社

图书在版编目（CIP）数据

中国草原发展报告．2011—2015/中华人民共和国农业部．—北京：中国农业出版社，2017.3
ISBN 978-7-109-22769-9

Ⅰ.①中… Ⅱ.①中… Ⅲ.①草原－畜牧业经济－经济发展－研究报告－中国－2011—2015 Ⅳ.①F326.33

中国版本图书馆 CIP 数据核字（2017）第 034745 号

中国农业出版社出版
（北京市朝阳区麦子店街 18 号楼）
（邮政编码 100125）
责任编辑 张艳晶

中国农业出版社印刷厂印刷 新华书店北京发行所发行
2017 年 3 月第 1 版 2017 年 3 月北京第 1 次印刷

开本：889mm×1194mm 1/16 印张：6.5
字数：110 千字
定价：60.00 元

编 辑 委 员 会

主要撰写人员

（按姓氏笔画排序）

王加亭　尹晓飞　包晓影　冯葆昌
囡　丁　朱　钦　刘　帅　刘　彬
齐　晓　孙　暖　杜桂林　李振华
陈会敏　陈志宏　邵麟惠　范博深
洪　军　黄　涛　黄明亮　董永平
韩丰泽

目　录

草原保护建设工作综述

党中央国务院高度重视草原工作，“十二五”是我国草原生态保护建设力度最大的时期。国务院召开全国牧区工作会议，印发《国务院关于促进牧区又好又快发展的若干意见》，明确了新时期牧区发展的基本方针，为做好新时期草原工作定下了总基调。党的十八大以来，国家做出了经济建设、政治建设、文化建设、社会建设、生态文明建设“五位一体”总布局，提出“创新、协调、绿色、开放、共享”发展理念，把生态文明建设提到了前所未有的历史新高度，做出了大力推进生态文明建设的战略部署，为草原保护建设注入了新活力。“十二五”期间，草原政策持续发力，草原法制建设取得新的突破，草原资源保护取得重要进展，草原保护建设步伐加快，草原监测预警及时高效，草原科技教育水平不断提高，草原技术推广和防灾减灾能力进一步提升，草业加快发展，草原工作迈上了一个新台阶。

1. 草原政策

“十二五”期间，草原生态保护补助奖励政策、重大草原生态治理工程等一系列生态保护政策相继出台和强化，对推进草原保护和促进牧区可持续发展，提供了强大的政策支持。党的十八届三中全会提出，建设生态文明必须建立系统完整的生态文明制度体系，实行最严格的源头保护制度、损害赔偿制度、责任追究制度，完善环境治理和生态修复制度，用制度保护生态环境，划定生态保护红线。中共中央国务院印发《关于加快推进生态文明建设的意见》和《生态文明体制改革总体方案》，确定了八个方面的47项生态文明改革研究任务。中共中央国务院关于生态文明建设的系列战略部署，为做好新时期草原生态文明建设明确了原则、目标和发展路径，具有里程碑意义。

2. 草原法制建设

以《最高人民法院关于审理破坏草原资源刑事案件应用法律若干问题的解释》由最高人民法院审判委员会审议通过为代表，“十二五”时期我国草原法制建设取得了新的突破。我国已初步形成了由1部法律（《草原法》）、1部司法解释（《草原司法解释》）、1部行政法规（《草原防火条例》）、13部地方性法规、4部农业部规章和11部地方政府规章为主要内容的草原法律法规体系。五年来，《草原法》修订、《基本草原保护条例》起草等工作取得重要进展；全国各地抢抓机遇，加快推进草原监理体系建设，积极开展普法宣传、执法培训、执法检查和案件查处工作，全国共立案查处各类草原违法案件 87 610 起，为依法保护草原资源和生态环境，维护农牧民群众的合法权益做出了重要贡献，对破坏草原的违法犯罪行为产生了强烈的震慑作用。

3. 草原资源保护

2011—2015 年，我国草种质资源保护、草品种审定、野生植物资源保护、自然保护区建设、草原征占用管理、草畜平衡管理等草原资源保护工作取得新的进展。中央累计投资 4 745 万元，用于草种质资源收集、保存、鉴定评价、创新利用、资源共享等工作。全国草品种审定委员审定通过 64 个草品种，为草原生态建设、草牧业发展和国家重大草原政策落实、建设工程实施提供了重要的物质保障。农业部通过制订野生植物采集计划，加强采集证发放管理，进一步保护了甘草、麻黄草、冬虫夏草等草原野生植物资源。农业部通过开展调查研究、编制规划、组织培训班等方式推动自然保护区建设，并指导宁夏云雾山草原自然保护区成功晋升为国家级自然保护区。全国各级草原监理部门在草原行政主管部门的领导下，加大协调力度、加强宣传培训、开展专项检查，稳步推进草原征占用审核审批工作，全国累计审核审批征占用草原申请 2 036 批次，涉及草原面积 27 385 公顷，并通过开展专项检查督导，有效控制了非法征占用草原行为。

4. 草原生态建设

进入“十二五”以来，国家制定和出台了一系列全国性或区域性生态保护规划，为草原保护建设提供了坚实的技术和政策储备。同时，国家加大草原生态保护建设力度，继续实施退牧还草、京津风沙源治理、西南岩溶地区石漠化综合治理等工程，启动实施草原生态补奖政策、南方现代草地畜牧业推进行动、振兴奶业苜蓿发展行动等项目，累计中央投资 1 018.32 亿元，比“十一五”期间中央投资增加 800 多亿元。

5. 草原监测预警

2011—2015 年，全国草原监测工作机制更加成熟完善，草原监测工作效率、质量进一步提升，信息化建设、国家级草原固定监测点建设取得重要进展。同时，通过积极推动相关国家标准、行业标准、地方标准及有关技术规范的制定，进一步提升了草原监测的规范化。农业部通过及时获取地面监测点观测资料和卫星遥感影像信息，有效开展草原返青监测、生长期草原植被长势监测、枯黄期物候监测，及时发布高效的草原长势动态监测信息。农业部每年对外发布全国草原监测报告。监测表明：2011—2015 年，全国天然草原鲜草产量始终保持较高水平，连续 5 年超过 10 亿吨；全国重点天然草原超载率呈快速下降趋势，草原利用方式更趋合理；2015 年全国草原综合植被盖度达到 54%，较 2011 年提高 3 个百分点，全国草原生态环境持续恶化势头得到有效遏制。

6. 草原防灾减灾

“十二五”时期，草原火灾、雪灾等

自然灾害和鼠虫害等生物灾害的防控工作进一步加强。其中，在草原火灾方面，各级草原防火部门紧紧围绕草原生态安全和农牧民生命财产安全，坚持“预防为主，防消结合”的工作方针，以扎实的工作作风圆满完成了各项草原防火工作任务。草原火灾受害率与重特大草原火灾发生率始终控制在0.3%与3%之内，草原火灾发生次数和受害草原面积均处于历史低位水平。在草原鼠害方面，各级农牧部门切实加强组织领导，健全指挥机构，完善应急响应机制，逐级落实防控责任，强化督导检查与技术服务，把草原鼠害防控作为恢复草原生态、改善牧区民生的重要举措，年均防控草原鼠害714万公顷，实现鼠害总体危害程度持续减轻，灾害面积逐步下行。草原虫害方面，各级农牧部门全面落实有关草原植保的政策措施，努力创新机制，完善手段，扎实推进防控工作，年均防控草原虫害492万公顷，总体危害呈现下降趋势。

7. 草原科技教育

2011—2015年，国家对牧草营养与饲喂、放牧管理、人工草地建设、草产品生产加工等草原科技教育工作高度重视，通过资金扶持、项目引导等方式，推动草原科技发展，取得的一系列研究成果，为我国草原畜牧业可持续发展提供了重要的技术支撑。“十二五”时期是我国草原科学技术和教育事业的一个跨越式发展时期。草学学科正式晋升为国家一级学科，一大批教授、副教授在从事草业相关教学和科学研究工作，并培养了一大批草业专业人才，广泛分布在科学院、农科院、大中专学校、草业企业、各级草原管理部门、科技推广以及相关涉草行业。五年间，草原科技方面的研究硕果累累。据不完全统计，草原科研教学单位获得省、自治区及直辖市科学技术奖、技术发明奖、科技进步奖等奖项的项目约20项，获奖单位约50个，获奖人数近150人。

8. 草原技术推广

“十二五”期间，全国各级草原技术推广机构继续承担着本行政区内草原保护与建设技术推广、技术指导工作。五年间，飞播种草在12个省区35个市（旗县）的70多个乡镇实施，实际完成飞播种草面积110.37万亩，产生了明显的经济效益。草原补奖政策实施后，各级草原技术推广机构逐年淘汰产量低的老旧品种的种子田，并加强了对牧草新品种的种子田建设，提高了单位面积产量。同时，还推出了一系列优质牧草品种及种植技术。

9. 草业发展

2014年10月，国务院专题会议明确提出要大力发展草牧业，2015年中央1号文件对发展草牧业进行了部署，草牧业发展试验试点工作全面启动。在牧草种植方面，全国牧草种植生产整体呈现稳中有升的态势。在草产品生产加工方面，2015年，草产品加工企业达到525家，生产量472.67万吨，较2010年分别增加152.4%、92.3%。在草种（草产品）质量检测方面，草种检测法律法规进一步完善，全国草产品检测体系积极开展草种质量监督抽查、苜蓿草产品质量检测、草品种真实性DNA鉴定等工作。在草产品进口方面，“十二五”期间，我国牧草干草、草种进口量呈现快速增长趋势。

一、草原政策

【总体评价】

党中央、国务院高度重视草原牧区工作。2011年，国务院出台了《关于促进牧区又好又快发展的若干意见》，启动实施草原生态保护补助奖励政策。党的十八大以来，以习近平同志为核心的新一届中央领导集体高度重视生态文明建设，将建设生态文明提升到“关系人民福祉、关乎民族未来”的高度，明确提出了“保护生态环境就是保护生产力，改善生态环境就是发展生产力”的发展理念；将生态文明建设与经济建设、政治建设、文化建设、社会建设一道纳入中国特色社会主义事业“五位一体”总体布局，提出“创新、协调、绿色、开放、共享”发展理念。中共中央国务院印发了《关于加快推进生态文明建设的意见》和《生态文明体制改革总体方案》。全面实施草原生态保护补助奖励政策，继续实施退牧还草、京津风沙源治理、西南岩溶地区石漠化治理工程，启动实施新一轮退耕还林还草、南方现代草地畜牧业推进行动、振兴奶业苜蓿发展行动工程、粮改饲试点等草原生态保护建设和畜牧业发展工程。2011—2015年，草原政策紧紧围绕“三生”和“三牧”工作大局，持续发力，不断健全完善政策措施，形成了具有里程碑意义的草原新方针、新政策和新法规。

【十八大以来出台的生态文明政策】

（一）国务院关于促进牧区又好又快发展的若干意见

2011年6月1日，《国务院关于促进牧区又好又快发展的若干意见》（国发〔2011〕17号）出台。明确了新时期牧区发展“生产生态有机结合、生态优先”的基本方针，为做好草原工作定下了总基调。文件要求必须坚持生产生态有机结合、生态优先的基本方针，按照以人为本、改善民生，因地制宜、分类指导，深化改革、扩大开放的原则，采取更加有力的政策措施，加快牧区发展，保障国家生态安全，促进民族团结和边疆稳定，推动区域协调发展。

文件提出，经过努力，到2020年，全面实现草畜平衡，草原生态步入良性循环，牧区经济结构进一步优化，牧民生产生活条件全面改善，基本实现全面建设小康社会目标。为此，一要加强草原生态保护建设，提高可持续发展能力。把保护基本草原和保护耕地放在同等重要的位置。加快草原功能区划工作，加大草原生态保护工程建设力度。实施禁牧补助和草畜平衡奖励，充分调动牧民保护草原的积极性。落实草原动态监测和资源调查制度，加强草原基础设施管护，严格草原执法监督。二要加快转变发展方式，积极发展现代草原畜牧业。落实草原禁牧休牧轮牧制度，促进草原畜牧业由天然放牧向舍饲、半舍饲转变。加强基础能力和服务体系建设，提高防灾减灾能力。完善草原畜牧业生产补贴政策，加大补贴力度。三要促进牧区经济发展，拓宽牧民增收和就业渠道。加大资金和政策支持力度，积极发展牧区特色优势产业。不断提高牧区对内对外开放水平。实施更加积极的就业政策，促进牧民转产就业。四要大力发展公共事业，切实保障和改善民生。加强牧区交通、电力、通信等基础设施建设，加快实施游牧民定居工程和牧区饮水安全工程。大力发展牧区教育、体育、文化事业，提高公共卫生服务能力。完善社会保障体系，"十二五"期间实现牧区新型农村社会养老保险制度全覆盖。加大牧区扶贫开发力度。五要稳定和完善草原承包经营制度。按照权属明确、管理规范、承包到户的要求，加快推进草原承包工作。力争用5年时间基本完成草原承包工作。文件要求各有关地区和部门高度重视，加强组织领导和协调配合，制订实施方案，落实工作责任，确保各项政策措施落到实处。

（二）全国牧区工作会议

2011年8月11—12日，国务院在内蒙古自治区呼伦贝尔市召开全国牧区工作会议。中共中央政治局委员、国务院副总理回良玉出席会议并讲话。全国牧区工作会议对做好新时期的牧区工作做出了全面部署。《国务院关于促进牧区又好又快发展的若干意见》的出台和全国牧区工作会议的召开，对推进牧区发展具有里程碑意义。

回良玉强调，要认真贯彻落实国务院17号文件精神，加大工作力度，强化扶持政策，创新体制机制，努力推进牧区发展实现新跨越。要切实加强草原保护建设。建立健全草原生态保护补助奖励机制，及时把政策实惠落实到草场、兑现到牧户，调动牧民保护建设草原的积极性。要大力发展现代草原畜牧业。加强饲草基地建设，加快科技创新和技术推广，改善饲养条件，调整饲养方式，完善防灾减灾体系，推进标准化生产和适度规模经营，健全产业体系，全面推进草原畜牧业由粗放型向质量效益型转变。要稳定和完善草原承包经营制度。按照权属明确、管理规范、承包到户的要求，力争用5年时间，基本完成草原确权和承包，保持草原承包关系稳定并长久不变。要加强牧区基础设施建设。加快改善牧区水利、交通、电力、通信等条件，建立健全确保牧区基础设施长期发挥效益的有效机制。加大游牧民定居工程投入力度，力争到2015年基本完成游牧民定居任务。要加快发展牧区经济。做大做强特色优势产业，促进牧民多渠道就业，全面加强牧区扶贫开发。要提高牧区社会事业发展水平。加快发展牧区教育、医疗卫生和文化事业发展，完善牧区社会保障体系。

回良玉要求，各有关地区和部门要充分认识促进牧区发展的重要性、紧迫性和艰巨性，切实把思想和行动统一到中央的决策部署上来，加强领导，强化责任，真抓实干，努力形成各方支持牧区发展的合力，认真抓好强牧惠牧政策措施的落实，切实维护牧区民族团结和社会稳定，促进牧区又好又快发展。

（三）关于加快推进生态文明建设的意见

2015 年 4 月，中共中央、国务院印发了《关于加快推进生态文明建设的意见》。意见坚持节约资源和保护环境的基本国策，把生态文明建设放在突出的战略位置，协同推进新型工业化、信息化、城镇化、农业现代化和绿色化。草原综合植被盖度作为约束性指标写入文件。党中央、国务院对生态文明建设的系列战略部署，为我们做好新时期草原生态文明建设提供了重要遵循。

意见提出，严格落实禁牧休牧和草畜平衡制度，加快推进基本草原划定和保护工作；加大退牧还草力度，继续实行草原生态保护补助奖励政策；稳定和完善草原承包经营制度。

意见提出，在重点生态功能区、生态环境敏感区和脆弱区等区域划定生态红线，确保生态功能不降低、面积不减少、性质不改变；科学划定森林、草原、湿地、海洋等领域生态红线，严格自然生态空间征（占）用管理，有效遏制生态系统退化的趋势。对水流、森林、山岭、草原、荒地、滩涂等自然生态空间进行统一确权登记。

意见提出，实施重大生态修复工程，扩大森林、湖泊、湿地面积，提高沙区、草原植被覆盖率，有序实现休养生息。继续推进京津风沙源治理、黄土高原地区综合治理、石漠化综合治理，通过节约能源和提高能效，优化能源结构，增加森林、草原、湿地、海洋碳汇等手段，有效控制温室气体排放。

意见提出，对各类环境违法违规行为实行“零容忍”，加大查处力度，严厉惩处违法违规行为。加强基层执法队伍能力建设，修订《草原法》。

（四）生态文明体制改革总体方案

2015 年 9 月，为加快建立系统完整的生态文明制度体系，加快推进生态文明建设，增强生态文明体制改革的系统性、整体性、协同性，中共中央、国务院印发《生态文明体制改革总体方案》。方案提出了生态文明体制改革的 6 大理念、6 项原则，提出了构建起由自然资源资产产权制度、国土空间开发保护制度、空间规划体系、资源总量管理和全面节约制度、资源有偿使用和生态补偿制度、环境治理体系、环境治理和生态保护市场体系、生态文明绩效评价考核和责任追究制度等八项制度构成的产权清晰、多元参与、激励约束并重、系统完整的生态文明制度体系。

【草原生态保护补助奖励政策】

根据国务院第 128 次常务会议决定，从 2011 年起，国家在内蒙古、新疆（含新疆生产建设兵团）、西藏、青海、四川、甘肃、宁夏和云南 8 个主要草原牧区省（自治区），全面建立草原生态保护补助奖励机制，实施禁牧补助、草畜平衡奖励、牧民生产资料综合补贴和牧草良种补贴等政策措施。2012 年，国家将河北、山西、黑龙江、吉林和辽宁五省的牧区半牧区县及黑龙江农垦纳入草原生态补奖政策实施范围。

中央财政按照每亩* 6 元的测算标准安排禁牧补助，按照每亩 1.5 元的测算标准安排草畜平衡奖励，按照每亩 10 元的标准安排牧草良种补贴，按照每户 500 元的标准安排牧民生产资料综合补助。5 年一个周期。中央财政每年安排绩效考核奖励资金，对工作突出、成效显著的省区给予资金奖励。

2011 年起，8 个主要草原牧区省（自治区）补奖任务禁牧为 0.78 亿公顷，草畜平衡 1.74 亿公顷，生产资料综合补贴 199 万户，人工种草 688 万公顷。2012 年，河北、山西、黑龙江、吉林和辽宁省的 37 个县纳入补奖政策，其中，禁牧 400.8 万公顷，人工种草 110.6 万公顷，生产资料综合补贴 84.6 万户。

2011—2015 年，草原生态补奖政策中央投资 763.644 亿元，其中，禁牧补助 366.123 亿元，禁牧面积 0.82 亿公顷；草畜平衡奖励 195.376 亿元，面积 1.74 亿公顷；生产资料综合补贴 66.8 亿元，牧草良种补贴 58.6 亿元，绩效考核奖励资金 74.8 亿元。

农业部与财政部等有关部门加强合作，联合印发《关于进一步推进草原生态保护补助奖励机制落实工作的通知》《关于做好草原生态保护补助奖励资金绩效评价工作的通知》和《中央财政草原生态保护补助奖励资金绩效评价办法》等。组织开展补奖机制政策落实督导检查，建立草原生态保护补助奖励政策实施情况定期报送制度。在组织评估研究和反复调研基础上，形成了报送国务院的《财政部农业部关于调整完善草原生态保护补助奖励政策的请示》，提出了完善政策的有关建议。“十三五”期间国家启动新一轮草原补奖政策，中央财政按照 7.5 元/亩和 2.5 元/亩的标准进行禁牧补助和草畜平衡奖励。

【草原确权承包】

农业部高度重视草原确权承包，按照中央的决策部署，扎实推进草原承包经营制度落实工作。2011 年，印发了《农业部办公厅关于印发推进草原承包工作方案的通知》（农办牧〔2011〕19 号），组织召开了牧区半牧区草原承包和农区南方草原承包工作座谈会。2012 年，农业部会同中农办就草原承包开展了专题调研，形成了推进草原承包的初步意见。2014 年年初，农业部按照中央 1 号文件要求，继续推动草原承包确权登记试点，先期选取内蒙古自治区作为完善草原确权登记的试点省区，确定呼伦贝尔市新巴尔虎右旗作为试点整县推进，为后期工作积累经验。按照权属明确、管理规范、承包到户的要求，依法明确草原权属，推进实现草原承包地块、面积、合同、证书“四到户”。2015 年，印发《农业部关于开展草原确权承包登记试点的通知》，在全国 16 个省区的 20 个县、乡、村开展草原确权承包登记整体试点，探索建立健全信息化规范化的草原确权承包管理模式和运行机制。

---

* 亩为非法定计量单位，1 亩＝$\frac{1}{15}$公顷。——编者注

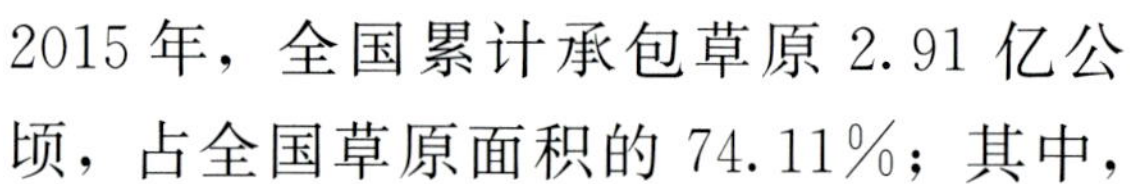

2015年，全国累计承包草原2.91亿公顷，占全国草原面积的74.11%；其中，承包到户2.32亿公顷，承包到联户5 404.6万公顷（图1）。

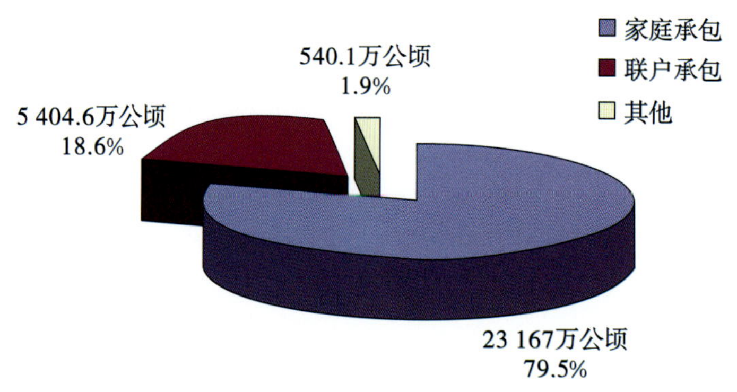

图1　2015年全国累计草原承包情况

专栏一

共商草原发展大计　推动草原科学发展

——2011中国草原可持续发展论坛在昆明举办

2011年10月26—27日，农业部草原监理中心和中国草学会在云南昆明市主办了“2011中国草原可持续发展论坛”。全国政协副主席罗富和出席会议，时任国家首席兽医师于康震出席并讲话，他强调要落实好草原的各项政策措施，全面提高草原生态保护建设整体水平。全国人大民族委员会主任委员、中国草学会理事长马启智在讲话中指出，中央对草原牧区问题日益重视，明确了草原牧区要实行生态优先的发展战略，草原牧区“生态优先，减畜、转人、转方式”的可持续发展路径越来越清晰。他希望与会专家学者们充分利用好草原发展论坛这个平台，展示成果、交流思路，贡献智慧，探讨未来草原发展思路，共同推进草原的科学发展。本次论坛以“转变发展方式　促进草原牧区可持续发展”为主题，围绕实施草原生态保护补助奖励机制后，草原保护建设的新思路、草原与牧区经济社会发展、草产业提升与现代草原畜牧业发展、草业科技创新等问题展开了交流与讨论，16位领导、学者、企业家在论坛上做了精彩的演讲。论坛气氛热烈，交流充分，取得了丰富的成果。

二、草原法制建设

【总体评价】

“十二五”时期，我国草原法制建设取得了新的突破，草原法律法规体系进一步完善。2012年10月22日，最高人民法院审判委员会审议通过了《最高人民法院关于审理破坏草原资源刑事案件应用法律若干问题的解释》（简称草原司法解释），于2012年11月22日开始施行。这是草原法制建设中的一项重大突破，实现了《草原法》与《刑法》的有效衔接，也为建立完善草原行政执法与刑事司法衔接机制奠定了基础。截至2015年年底，我国已初步形成了由1部法律（《草原法》）、1部司法解释（《草原司法解释》）、1部行政法规（《草原防火条例》）、13部地方性法规、4部农业部规章和11部地方政府规章为主要内容的草原法律法规体系。

【草原司法解释】

针对《草原法》与《刑法》衔接不够完善、查处破坏草原资源刑事案件缺乏明确定罪量刑标准的问题，2010年，农业部致函最高人民法院，商请最高人民法院通过制定司法解释，明确破坏草原资源刑事案件的定罪量刑标准，并与高法研究室领导到草原牧区开展了实地调研，召开了座谈会。2011年，配合高法研究室对草原司法解释条文进行修改完善，并组织召开专家论证会。2012年10月，最高人民法院审判委员会审议通过了草原司法解释，于2012年11月22日开始施行。施行当日，最高人民法院与农业部召开了新闻发布会，正式向全社会公布了草原司法解释的内容，并回答了记者提问。草原司法解释明确了破坏草原资源犯罪行为的定罪量刑标准，为依法打击草原犯罪行为提供了新的法律武器，从根本上扭转了“破坏草原无罪”的局面。草原司法解释出台三年来，各地主动加强与公检法机关的沟通协调，初步建立了草原行政执法与刑事司法衔接机制，畅通了破坏草原资源涉嫌犯罪案件的移送渠道，三年共向司法机关移送涉嫌犯罪案件1 469起（2013年279起，2014年621起，2015年569起），有力打击了破坏草原资源和生态环境的犯罪行为。

【《草原法》修订】

《草原法》修订颁布施行十三年来，对依法保护和管理草原发挥了重要作用。但当前草原生态保护面临的形势发生了很大变化，特别是生态文明建设被提高到“五位一体”总布局的战略高度，对进一步完善草原生态保护制度提出了新的更高的要求。2015年4月，《中共中央国务院关于加快推进生态文明建设的意见》明确提出要修订《草原法》。同年7月，全国人大法工委按照中央关于加快推进生态文明建设、深化生态文明制度改革的有关要求，提出要开展《草原法》的修订工作。按照全国人大法工委的要求，农业部及时启动了《草原法》的修订工作，成立了《草原法》修订领导小组和工作小组，明确了修订的主要内容和需要解决的难点、重点问题，提出了修订工作时间安排。2015年9—10月，农业部组成4个调研组，分别赴内蒙古、新疆、青海、云南、甘肃、河北、辽宁等省（自治区）的20多个县开展了立法调研，听取了基层草原管理和执法人员对修订《草原法》的意见和建议。2015年12月，组织召开草原法制建设座谈会，组织重点省区的有关人员对《草原法》进行了认真讨论，提出修改意见，并对《草原法》进行了修改完善，形成了《草原法（征求意见稿）》，并印发各地征求意见。

【《基本草原保护条例》起草】

2011—2015年，农业部根据《草原法》关于“国家实行基本草原保护制度，基本草原的保护管理办法由国务院制定”的规定，积极推进《基本草原保护条例》（以下简称《条例》）起草工作。2011年，《国务院关于促进牧区又好又快发展的若干意见》（国发〔2011〕17号）提出，要把保护基本草原和保护耕地放在同等重要的位置，加快制定基本草原保护条例，依法推进基本草原划定，落实基本草原保护制度。2012年4月，农业部根据国务院17号文件和全国牧区工作会议关于加强基本草原保护的有关要求和精神，召开了《条例》起草工作座谈会，组织内蒙古等重点草原省区的同志对《条例》进行了认真讨论和修改完善。同年7月，农业部发文征求各省（自治区）对《条例》的意见，并根据各地意见对《条例》做了进一步的修改完善。2015年，《中共中央国务院关于加快推进生态文明建设的意见》提出，要加快推进基本草原划定和保护工作。《生态文明体制改革总体方案》也提出，要实行基本草原保护制度，确保基本草原面积不减少、质量不下降、用途不改变。2015年，《条例》被列入国务院三类预备立法项目。根据国家关于建设生态文明制度的新要求，农业部又对《条例》做了进一步修改完善，并于2015年12月发文征求了国家发展改革委员会、财政部等15个部委意见。2016年3月，根据各部委意见做进一步修改完善后，形成了《条例（送审稿）》，拟提交农业部常务会审议。《条例（送审稿）》共39条，包括总则、划定、保护、监督检查、法律责任和附则6章，明确规定了基本草原的概念、保护方针、划定比例和范围、保护措施、监督检查以及破坏基本草原应承担的法律责任。

【体系建设】

2011—2015年，全国各地认真贯彻落实《国务院关于促进牧区又好又快发展的若干意见》（国发〔2011〕17号）要求和全国牧区工作会议精神，抢抓机遇，加快推进草原监理体系建设，取得了积极进展，草原监理队伍不断健全。据统计，截至2015年年底，全国县级以上草原监理机构已有918个，比2010年增加了74

个，其中省级 24 个，地级 158 个，县级 735 个。单独设置的机构有 302 个，比 2010 年增加了 84 个，增长了 38.5%；实行参公管理的机构有 280 个，比 2010 年增加了 54 个，增长了 23.9%。县级以上草原监理人员 8 673 人，比 2010 年增加了 198 人。在加强草原监理机构和队伍建设的同时，各地以实施草原生态保护补助奖励政策为契机，积极推进草原管护员队伍建设。2014 年，农业部印发了《关于加强草原管护员队伍建设的意见》。2015 年，农业部草原监理中心对草原管护员队伍建设情况进行专题调研，总结了经验，分析了问题，提出了进一步强化草原管护员队伍建设的政策建议。据统计，截至 2015 年年底，实施草原补奖政策的省区已有各类草原管护员 9.27 万人。草原管护员主要由当地牧民、村干部、防疫员、护林员等兼任，内蒙古和新疆的部分地方聘用退伍军人、大中专院校毕业生和青壮年牧民担任专职草原管护员。总体来看，草原管护员队伍在配合落实草原补奖政策落实、强化草原禁牧和草畜平衡监管、及时发现和制止草原违法行为等方面发挥了积极作用，已成为各级草原监理机构强化基层草原监管工作的重要补充力量。

【案件查处】

2011—2015 年，各级草原监督管理机构认真贯彻实施草原法律法规，不断加大草原违法案件查处力度。据统计，全国共立案查处各类草原违法案件 87 610 起，其中，2011 年 16 508 起，2012 年 18 060 起，2013 年 18 767 起，2014 年 17 848 起，2015 年 16 427 起（图 2）。在依法查处草原违法案件的同时，各地认真贯彻实施草原司法解释，发现涉嫌犯罪案件及时向司法机关移送，依法追究刑事责任。据统计，2011—2015 年，全国共向公安机关移送破坏草原资源涉嫌犯罪案件 1 690 起，其中，移送非法开垦草原涉嫌犯罪案件 1619 起，占移送案件总数的 95.8%。各地通过依法查处草原违法犯罪案件，为依法保护草原资源和生态环境，维护农牧民群众的合法权益做出了重要贡献，也进一步树立了草原监督管理机构的执法权威。在查处草原违法案件过程中，各地积极创新执法监督方式，采取抓大案要案、跨部门联合执法、典型案件通报曝光等方式，进一步提高了草原执法的威慑力。农业部草原监理中心每年及时发布全国草原违法案件统计分析报告，进一步扩大了草原执法工作的影响力。从 2014 年起，农业部连续 3 年对 25 起破坏草原资源的犯罪案件进行了通报曝光，引起了强烈的社会反响，对破坏草原的违法犯罪行为产生了强烈的震慑作用。

【执法检查】

2011—2015 年，各级草原监督管理机构把开展执法检查作为一项重要工作，组织执法人员认真开展执法检查，及时总结执法工作经验，发现执法工作中存在的突出问题，研究提出进一步强化草原执法工作的对策措施。农业部草原监理中心每年抽调地方草原执法骨干人员组成检查组，先后对河北、内蒙古、吉林、黑龙江、四川、云南、甘肃、青海、宁夏和新

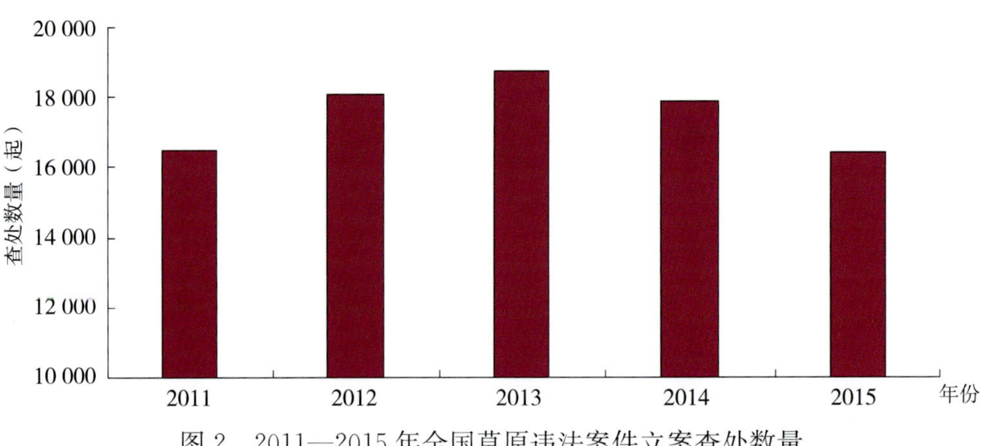

图 2　2011—2015 年全国草原违法案件立案查处数量

疆等省（自治区）的 40 个县（市、区、旗）进行了草原执法检查。执法检查以各地贯彻实施草原法律法规、查处草原违法案件、建立草原行政执法与刑事司法衔接机制等情况为重点内容，全面检查了解各地草原执法监督工作开展情况，并督促各地加大执法力度，依法严厉打击各种破坏草原违法犯罪行为。通过组织草原执法检查，交流了相关省区的草原执法工作经验，增强了草原执法威慑力，推动了草原执法监督工作的深入开展，对于促进各地共同提高草原执法监督工作水平发挥了积极作用。

【执法培训】

2011—2015 年，农业部草原监理中心先后举办 2 期草原执法师资培训班，培训师资人员 66 人次；举办全国草原执法培训班 4 期，培训执法人员 470 人次；为落实农业援藏、援疆、援青和扶贫任务，先后为西藏、新疆、新疆兵团、青海和武陵山区举办 5 期草原执法培训班，培训执法人员 540 余人次。为增强培训效果，农业部草原监理中心还组织编写了 2 期《草原执法案卷分析与点评》，修订出版了《草原执法理论与实践》，编印了《草原司法解释学习读本》，制作了《草原行政处罚程序视频教程》，进一步丰富了草原执法培训教材。在开展草原执法培训过程中，不断创新培训方式方法，积极采用视频教学、模拟执法、案卷点评等方式，进一步提升了培训效果。在农业部草原监理中心的带动下，各地也不断加大草原执法培训力度，基层草原执法人员的业务素质和工作能力有了明显提高。

【普法宣传】

2011—2015 年，农业部草原监理中心坚持在每年 4 月组织各地集中开展草原普法宣传月活动。各级草原监理机构围绕草原普法宣传月活动主题，以《草原法》、草原司法解释、《草原防火条例》等法律法规为重点，积极创新普法宣传形式，丰富普法宣传内容，拓展普法宣传覆盖面，组织开展了形式多样的草原普法宣传活动。据不完全统计，内蒙古等 15 个省（自治区）和新疆兵团共计出动宣传车 2.2 万余台次，人员 8 万余人次，通过广播、电视、报刊、网络等媒体宣传草原法律法规 6 000 余次，通过手机短信发送信息 280 万余条，悬挂宣传条幅 6 万余条，张贴标语 25 万余条，发放宣传材料和普法手册 800 万余份，举办普法培训讲座 1 500 余次。少数民族地区还充分运用少数民族语言和文字进行宣传，提高了普法宣传效果。同时，农业部草原监理中心还与地方农牧部门、地方政府联合举办草原普法宣传现场活动。五年来，分别在内蒙古、黑龙江、甘肃、吉林等省区与地方联合举办了草原普法宣传现场活动。为提高宣传效果，农业部草原监理中心先后组织编印了《草原法律法规知识百问（图文本）》、草原宣传挂图、草原司法解释宣传挂图、环保宣传袋等宣传材料，深受农牧民群众的喜爱，对提高宣传效果发挥了积极作用。通过深入开展草原普法宣传，包括各级党政领导干部在内的社会各界依法保护草原的意识明显增强，农牧民群众合理利用草原和依法维护自身权益的意识明显增强，特别是在草原上从事开发经营活动的企业，依法办理使用草原的审核审批手续、合理使用草原的意识也明显增强，为加强草原保护、建设生态文明营造了良好的舆论氛围。

专栏二

2011 年全国草原监理工作会议在内蒙古呼和浩特市召开

2011 年 8 月 24 日，全国草原监理工作会议在内蒙古呼和浩特市召开。时任农业部副部长高鸿宾出席会议并作重要讲话。高鸿宾在讲话中深入分析了当前草原保护和草原监理工作面临的形势和机遇，充分肯定了“十一五”期间草原监理工作取得的成绩，并对下一步工作提出了要求。时任农业部草原监理中心主任马有祥作了工作报告。河北、内蒙古、湖南、甘肃、新疆等省（自治区）的会议代表作了典型发言。会议还就草原生态保护补助奖励政策、草原承包经营制度、草原监理体系建设等问题进行了研讨。本次会议由农业部草原监理中心组织召开。时任农业部畜牧业司副司长杨振海出席会议，农业部有关司局的代表及全国 25 个省（自治区）和新疆生产建设兵团的草原监理机构主要负责人等 100 余人参加了会议。

三、草原资源保护

【草种质资源保护】

草种质资源是筛选、培育优良新品种的素材和基因源，属于国家战略性资源，对促进草地畜牧业稳步发展、加速农业结构调整、满足生态环境治理等均有十分重要的作用。2011—2015 年，牧草种质资源项目中央累计投资 4 745 万元，草种质资源收集、保存、鉴定评价、创新利用、资源共享等工作成效明显。

一是广泛收集保存草种质资源。5 年间共收集保存草种质资源 2.5 万份，库（圃）累计保存草种质资源 5.2 万份，保存数量居世界第二。其中，保存主要栽培牧草及其野生近缘植物 7 科 57 属 248 种 28 793 份、中国特有种 75 种 609 份，中国珍稀濒危草种 11 种 60 份，67 种 406 份中国特有种填补了世界收集保存空白。二是研制种质资源保存技术，实现资源安全保存。针对草种质资源种类繁多，野生草种子发芽特性不明的特点，在国标基础上研发了 18 个野生草种子的发芽方法，制订库存种质材料的监测频率和抽测比例。编制了《草种质资源描述规范》《草种质资源保存技术规程》《草种质资源繁殖更新技术规程》3 项行业标准。分类监测库存资源 15 512 份，繁殖更新生活力低的种质材料 330 份，确保资源安全保存。三是开展资源评价，获得一批优异性状突出的育种材料。建立农艺性状、抗性鉴定评价指标体系，完成 1.5 万份种质资源的农艺性状鉴定评价，筛选出低纤维苜蓿、长序苜蓿等优异种质 157 份。完成 4 233份资源的抗性鉴定评价，筛选出抗白粉病红三叶、抗蓟马紫花苜蓿等优异种质 378 份。利用近红外光谱法，测定 90 份苜蓿的粗蛋白、中性洗涤纤维、酸性洗涤纤维，筛选出品质是特级（粗蛋白含量＞19、ADF＜31、NDF＜40）的优异种质 20 份，为品种选育提供了目标性状明确的亲本材料。对燕麦、狼尾草、扁蓿豆等 11 种 800 余份牧草种质资源开展遗传多样性研究，揭示内蒙古为我国扁蓿豆种质资源的富集区域，实证了中国为裸燕麦同一起源中心，有效推进了草种质资源核心种质构建研究工作。四是开展种质创新，拓宽遗传基础。针对育种需求，利用空间诱变等技术，创制高产耐盐紫花苜蓿、柱花草等新种质 19 个；发掘苜蓿、扁蓿豆等功能基因 6 个、功能标记 7 个；培育新草品种 5 个，其中康巴变绿异燕麦通过国家级审定，草种质资源创新利用稳步推进。五是分发利用种质资源，提高资源利用效率。利用开放共享的服务平台，实现草种质资源实物和信息同步共享，累计为科研、教学、生产单位提供信息咨询 10 万次，向相关人员和“973”“863”、行业公益和科技支撑等国家重大科研项目提供草种质资源 3 995 份次，提高资源利用效率和效益，促进草种质资源科技创新。

【草品种审定】

（一）草品种审定

2011—2015 年，全国草品种审定委员会受农业部委托开展草品种审定工作。五年间，委员会共召开审定会议 5 次，对提出申请的 107 个品种进行了审定，64 个品种通过审定。其中，育成品种 23 个、野生栽培品种 19 个、地方品种 7 个、引进品种 15 个。审定登记育成草品种 23 个，占总数的 34%，包括苜蓿、多花黑麦草、无芒雀麦、三叶草、狼尾草、老芒麦、碱茅、披碱草、无芒雀麦、鹅观草、豌豆、狗牙根等草种。这些审定品种在草原生态建设、草牧业发展和国家重大草原政策落实、建设工程实施过程中发挥了重要作用。

为做好草品种审定工作，委员会办公室强化审定制度建设和技术规范编制等工作。2011 年 7 月 7 日，委员会办公室起草的《草品种审定管理规定》以农业部公告形式公布，《规定》对审定工作中涉及的委员会组成、换届、申请受理、审定、结果公告、监督等进行了规范。2013 年 12 月 31 日，由委员会办公室牵头制定的国家标准《草品种审定技术规程》（GB/T30395—2013）和《草品种命名规则》（GB/T30394—2013）正式颁布实施。《草品种审定技术规程》对审定内容及依据、品种试验、审定要求等内容进行了规范，较原农业行业标准《草品种审定技术规程》（NY/T1091—2006）增加了观赏草品种审定标准。《草品种命名规则》对草品种名的组成方式、中文名和学名的构成要素、各类别草品种中英文名称命名方法等技术要点进行了详细规定。

2015 年 10 月 23 日，第七届全国草品种审定委员会成立（农牧发〔2015〕10 号），共有委员 30 名。其中，时任农业部畜牧业司副司长杨振海任主任，中国农业大学教授周禾任常务副主任，全国畜牧总站负旭江推广研究员、新疆农业大学张博教授、中国热带农业科学院刘国道研究员、云南农业大学毕玉芬教授、中国农业科学院北京畜牧兽医研究所李聪研究员等 5 人任副主任，中国农业科学院草原研究所于林清研究员等 23 人任委员。新一届委员会将承担 2016—2020 年的草品种审定任务。

（二）国家草品种区域试验

区域试验是草品种“选育—审定—推广”过程中的重要环节，是品种审定的前提，是评价品种优劣的主要依据。2011—2015 年，中央财政累计投入资金 5 760 万元，在北京等 29 个省（自治区、直辖市）实施国家草品种区域试验专项。专项由农业部畜牧业司管理，全国畜牧总站负责具体组织实施，35 个省级草原技术推广单位、高校、科研院所和企业参与实施，项目进展顺利，成效显著。

一是有效支撑了草品种审定工作。2011—2015 年，各试验点累计完成约 5 800份试验材料的区域试验，相关技术支撑单位完成了 7 份苜蓿和 3 份碱茅材料的耐盐性鉴定。共有 123 个品种完成了多年多点区域试验和抗性鉴定，获得申请审定的资格，其中52个品种在区域试验中表现优异，通过了审定。二是取得了草品种特异性、一致性、稳定性（DUS）测试工作阶段性成果。2013年起，逐步启动了苜蓿、柱花草、黑麦草、披碱草、苏丹草、结缕草、羊草7类牧草DUS测试技术研制工作。苜蓿、柱花草、黑麦草、披碱草、苏丹草5类牧草DUS测试田间技术指南编制、验证完善工作和苜蓿、柱花草、黑麦草、结缕草、苏丹草5类牧草品种DNA指纹图谱构建技术体系建立工作已基本完成，制定草品种DUS田间测试技术行业标准1项，获得品种鉴定发明专利1项，发表DUS测试相关工作科研论文数篇。三是完善了草品种区域试验网建设。2011—2015年，新增沈阳等15个试验点，试验点总量达到54个，基本覆盖了我国主要牧草栽培区域。试验点总占地面积约2 500亩，拥有实验室6 400米^2、农机具库房6 800米^2、试验设备900台（套）、农机具500台（套）、专兼职技术人员350多名。天津大港等28个试验点通过考核，挂牌成为“国家草品种区域试验站”。天津、辽宁、山西、山东、云南、贵州、甘肃、宁夏、新疆等9个省（自治区）初步建立了本省区草品种试验体系，甘肃省农牧厅制定了牧草区域试验管理办法，促进了地区草品种审定登记和评价推广工作。

【野生植物资源保护】

（一）制订野生植物采集计划，加强采集证发放管理

实行草原野生植物采集计划管理是保护草原生态环境和草原野生重要物种资源的重要措施。2011—2015年，农业部根据全国草原野生植物资源状况，结合各地上报的草原野生植物采集计划，每年制订并以农业部文下发甘草、麻黄草、冬虫夏草等草原野生植物计划采集数量，并在年底对各省采集计划执行情况及草原野生植物采集管理工作进行总结。地方各级农牧部门严格执行采集计划和采集证管理制度，进一步强化草原野生植物管理，加强对采集计划执行情况的监督检查，促进草原野生植物采集规范有序开展。

通过严格执行计划采集，全国天然甘草采集量由2011年的8 020.7吨下降至2015年的4 630.5吨，降幅为42.3%；天然麻黄草采集量由2011年的4 627吨下降至2015年的983.5吨，降幅为78.7%（图3）。在控制天然采集量的同时大力发展人工种植，满足市场需要：人工甘草采集量由2011年的10 149.0吨增长到2015年的52 803.4吨，增长5.2倍；人工麻黄草采集量由2011年的3 056.5吨增长到2015年的3 309.6吨，增长8.3个百分点。人工采集量占总采集量的比例分别由2011年的54.6%和74.5%，提高至2015年的86.9%和91.9%，基本实现了市场供应人工种植化。

切实做好野生植物进出口审批工作，2011—2015年农业部共审核通过冬虫夏草出口申请49批次。

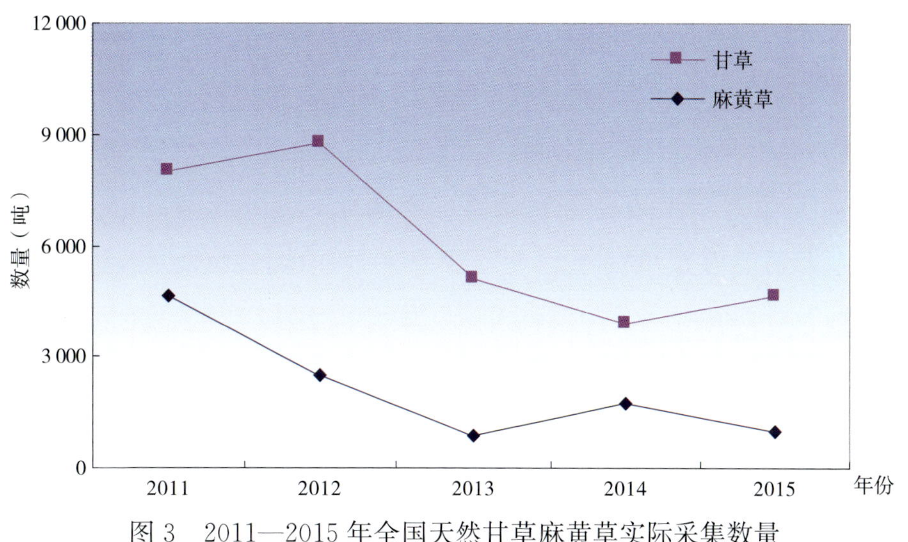

图 3　2011—2015 年全国天然甘草麻黄草实际采集数量

（二）开展草原野生植物资源调查

为掌握草原野生植物资源现状，2011—2015 年，农业部草原监理中心组织有关科研院所相关人员赴内蒙古、甘肃、宁夏、河北等省（自治区），对甘草、麻黄草等重要草原植物资源进行调查研究，初步掌握了内蒙古等地甘草、麻黄草的分布、蕴藏量及管理情况，编制《河北野生麻黄草资源和市场调查研究》《内蒙古麻黄草人工种植现状研究》《宁夏甘草资源现状调查与分析》《甘肃甘草资源现状调查与分析》。

2008—2012 年，农业部草原监理中心组织相关科研单位赴西藏、青海、四川、甘肃和云南 5 个主产区开展冬虫夏草资源调查，全面了解 5 省（自治区）冬虫夏草资源量、采集量、市场流通等情况，完成了各省冬虫夏草资源调查报告。

（三）广泛开展草原野生植物保护宣传活动

2011—2013 年，农业部草原监理中心每年组织召开草原野生植物资源管理座谈会，交流野生植物管理经验，分析存在的问题，进一步促进草原植物资源保护工作。连续 3 年召开草原生物多样性保护座谈会，邀请相关非政府组织参加，共同推动我国草原生物多样性保护和可持续利用。

2013 年，农业部草原监理中心联合中央电视台科教频道《走近科学》栏目组，赴西藏、青海等冬虫夏草主产区，跟踪拍摄牧民采集冬虫夏草现场、冬虫夏草交易市场及科学研究等内容，制作了冬虫夏草专题宣传片，重点宣传冬虫夏草在牧民增收、环境保护、健康保健等方面的作用，引导社会大众科学认识和利用冬虫夏草资源，维护青藏高原生态环境。

2015 年 5 月 22 日，在青海省玉树藏族自治州开展了以“加强草原生物多样性保护　建设生态文明和美丽中国”为主题的草原生物多样性现场宣传活动，纪念 5·22 国际生物多样性日。通过广场宣传、发放宣传资料、为中小学生开展草原生物多样性科普讲座等形式，大力宣传保护草原生物多样性的重要意义，提高公众保护草原生物多样性的意识，营造良好的社会舆论氛围。

（四）编制草原资源重点保护名录

2011年，农业部草原监理中心组织相关专家，在综合各类草原资源的生产、生态功能重要性及保护迫切性的基础上，选择草原野生植物、草原野生动物、草原类型、草原功能区、草原自然景观、草原历史文化六类亟须重点保护和研究薄弱的资源，编制出版了《我国主要草原自然与文化资源概论》。明确了我国草原资源重点保护对象，提出重点保护对象的保护区域和保护策略，有效保护了我国草原资源的完整性和系统性。

【自然保护区建设】

草原自然保护区是保护草原重要生态系统、维护草原生物多样性、提供生态产品和保障国家生态安全的有效措施和积极手段，对于建设生态文明具有重要作用。截至2015年年底，农业部门管理的省级以上草原草甸类自然保护区共9处，面积24万公顷，其中国家级自然保护区2处。

（一）开展草原自然保护区调查研究

为摸清草原自然保护区建设管理现状，农业部草原监理中心组织开展了草原自然保护区调查研究工作，深入了解保护区机构人员设置、基础设施建设、珍稀动植物分布、资源管理、科学研究等情况，通过与保护区管理部门、环保、农牧等有关部门进行座谈，分析草原自然保护区建设管理存在的问题，研究提出加强草原保护区建设管理的政策建议。

（二）构建保护区与周边社区管理新机制

为促进保护区健康和谐发展，解决自然生态保护与周边社区经济社会发展的矛盾，自2012年起，在农业部草原监理中心的支持下，全球环境研究所协助宁夏云雾山国家级自然保护区管理局开展了保护区与周边社区发展共建活动。通过建立协议保护协调发展新机制，保护区管理部门积极主动协助解决周边社区农牧民的困难和要求，带动周边居民脱贫增收，促进了保护区建设与周边社区和谐发展，为保护区建设健康发展奠定良好基础。

（三）编制草原自然保护区建设工程规划

根据《全国草原保护建设利用总体规划》的要求，农业部草原监理中心组织编制了《草原自然保护区建设工程规划（2011—2015）》。规划提出在全国21个省（自治区）新建64个草原自然保护区，重点保护草原生物多样性丰富区域、典型生态系统分布区域和我国特有的、珍稀濒危的、开发价值高的草原野生物种。加强保护区的科学研究、资源监测、管理机构和能力建设，在全国范围内形成布局比较合理、设施比较先进、管理比较高效、具有重要影响的草原自然保护网络。同时对工程的建设重点、空间布局、投资概算等进行了总体安排，明确了草原自然保护区建设的发展方向和思路。

（四）组织保护区能力建设培训班

为提高草原自然保护区建设管理水平，推进草原自然保护区建设步伐，2011—2015年，农业部草原监理中心组织举办了全国草原自然保护区能力建设培训班，邀请国内保护区研究领域专家及自然保护区管理先进代表，就草原自然保护区建设技术规范、草原自然保护区建设申报程序、草原自然保护区管理及升级等多项内容进行专题授课，提升管理人员能力水平。同时，积极为保护区管理者构建交流共享的平台，举办保护区建设管理经验交流及座谈活动，内容涉及法律法规建设、参与式管理、生物多样性评价、社区共管、科研宣教等方面，为传播优秀的管理理念和工作方法，指导新时期草原自然保护区建设管理工作起到了促进作用。

（五）推动自然保护区升级

为了加强草原保护区建设管理工作，提升保护区建设管理水平，积极推进省级草原保护区申报国家级自然保护区工作，多次组织有关专家赴宁夏指导宁夏云雾山草原自然保护区申报国家级自然保护区工作。通过多方努力，2013年，该保护区成功晋升为国家级自然保护区。2014年以来，在农业部、环保部的大力支持下，宁夏云雾山国家级保护区加强基础设施建设，先后投入600多万元建设了防火物资库和800多万元生物多样性保护项目。农业部草原监理中心主持编著出版了《宁夏云雾山草原自然保护区综合科学考察报告》。

（六）积极推进国家公园建设试点工作

按照《生态文明体制改革总体方案》的要求，农业部草原监理中心组织力量加强对国家公园相关制度的研究。积极推进国家公园建设试点工作，促成了湖南省南山牧场作为国家公园改革试点单位。

【草原征占用管理】

2011—2015年，全国各级草原监理部门在草原行政主管部门的领导下，加大协调力度、加强宣传培训、开展专项检查，稳步推进草原征占用审核审批工作，依法办理草原征占用审核审批行政许可的企业逐年增多。2011—2015年，全国共有河北、内蒙古、辽宁、吉林、黑龙江、四川、贵州、云南、西藏、甘肃、青海、宁夏和新疆13个省（自治区）和新疆生产建设兵团审核审批征占用草原申请2 036批次，涉及草原面积27 385公顷。其中，由农业部审核的有29批次，涉及草原面积9 396公顷。自2012年开始征收草原植被恢复费以来，累计征收草原植被恢复费3.96亿元。

（一）加大协调力度

2014年，农业部与国土资源部就规范草原征占用审核审批程序进行了座谈交流，对推动规范草原征占用审核审批工作程序起到了积极作用。为加强草原征占用审核审批工作，各省区草原监理部门与发改、国土等相关部门沟通，规范工作程序，通过联合发文等形式，理顺草原征占用审核审批流程，进一步规范了草原征占用审核审批工作。内蒙古、青海、西藏等省区，由地方人民政府或农牧部门与国土部门联合发文，规范了先审后批的工作程序。吉林省、四川省阿坝州、黑龙江省大庆市等地积极与国土部门协调，参与建设项目使用草原预审工作。

（二）开展宣传培训

各地通过广播、电视、网络、报纸等形式，向广大农牧民群众和相关企业广泛宣传《草原法》《草原征占用审核审批管理办法》等相关法律法规。通过有针对性地开展送法进企业活动，对在草原地区从事工程建设和矿藏开发的企业进行重点宣传，督促使用草原土地的企业依法履行草原征占用审核审批的有关法律规定。以国家对领导干部实行自然资源资产离任审计为契机，着重向基层党政领导干部宣传保护草原资源、依法履行职责的重要性。通过多措并举、点面结合的宣传方式，不断提升全社会依法使用草原的良好氛围。

2011—2015 年，农业部草原监理中心组织先后举办 2 期全国草原征占用审核审批工作培训班。通过邀请相关专家授课指导、工作突出省区经验交流、现场查验模拟和座谈等方式，累计培训草原征占用管理人员 100 余人，有效提升了草原征占用管理能力，提高了工作水平。

为了规范申请材料和现场查验工作，农业部畜牧业司印发了《征用使用草原材料审核及现场查验技术规范》。

（三）开展专项检查督导

从 2013 年开始，农业部草原监理中心每年联合农业部畜牧业司、有关省区草原监理机构组成检查组，开展草原征占用审核审批工作专项检查。3 年来，共对内蒙古、黑龙江、甘肃、宁夏、四川、贵州等11个省区进行了专项检查。通过专项检查督导，对发现的问题进行分析并加以解决，对好的做法和经验进行总结推广，并提出进一步推进工作的措施建议。经过稳妥推进，非法征占用草原行为得到了有效控制，违法案件数由“十一五”期间的 4 268 件缩减至“十二五”期间的 1 648 件，降幅达 61.4%，特别是开展专项检查督导行动以来，违法征占用草原案件数量逐年减少，由 2013 年的 416 件下降至 2015 年的 259 件。2015 年，农业部草原监理中心赴内蒙古额济纳旗对内蒙古临策铁路有限责任公司非法占用草原案件进行督查，责令企业依法办理有关草原征占用手续，为开展督办非法占用草原案件开辟了新思路。

【草畜平衡管理】

（一）推动草畜平衡奖励落实

围绕草原补奖政策，各地积极开展行动，通过加强宣传培训、实施划区轮牧、建设饲草基地、优化畜群结构等方式引导农牧民实施草畜平衡。2011 年，农业部草原监理中心举办 8 省（自治区）草畜平衡培训班，重点讲授草畜平衡奖励落实的关键技术和方法，有力地确保了政策执行效果。2011 年和 2012 年，农业部草原监理中心组织召开了草畜平衡工作座谈会，深入交流草畜平衡工作开展情况、采取的主要措施、取得的主要成效和经验，并就进一步落实好草原补奖政策提出了建议。由于草畜平衡奖励落实到位，全国重点天然草原超载率逐年下降，已由2010年的30%下降至2015年的13.5%。

（二）开展可持续草畜平衡管理试点

从2012年开始，农业部草原监理中心联合甘肃省草原监督管理局和成都蜀光社区发展能力建设中心，在甘肃省碌曲县则岔村连续开展可持续草畜平衡管理试点工作。试点引入分权、参与和社区主导发展等理念，坚持牧民主体地位，尊重牧民意愿，从激发牧民内生动力着手，尝试建立由牧民主导的草畜平衡实现新机制。2011—2015年多次驻村开展工作，通过把合作金融与草原保护建设融汇结合，进一步调整管理部门与牧民在草原保护建设中的关系，确保牧民权责一致，外部努力切实转化为内部动力，实现草畜平衡这一外部要求成为牧民的内部需求，已初步建立起了由牧民自己主动、积极保护建设草原的长效机制。

（三）加强南方草原资源开发利用

2013年以来，农业部草原监理中心连续3年赴南方省区开展调研，对福建、贵州、云南、安徽、湖北、广西、湖南等省（自治区）的草地资源开发利用与保护进行专题研究，为推进南方现代草地畜牧业健康可持续发展积极建言献策。与中国草学会合作开展“南方草山草坡资源综合利用研究”，形成《南方草地资源开发利用研究报告》，为编制《南方草地资源保护与开发利用规划》提供了重要参考。

专栏三

2013年全国草原工作会暨草原监理工作会在北京召开

2013年5月28日，全国草原工作会暨草原监理工作会在北京召开。时任农业部副部长高鸿宾在会上指出，草原在生态文明建设中具有特殊重要的战略地位，要深入贯彻落实党的十八大关于大力推进生态文明建设的要求，牢固树立生态优先理念，狠抓工作落实，狠抓机制创新，以更加昂扬的务实精神，扎实推进草原工作再上新台阶。高鸿宾指出，要客观认识取得的成绩，冷静分析新形势新任务，各级农牧部门和草原监理系统要坚定目标不动摇，力争到2015年，基本完成草原确权承包和基本草原划定工作，初步实现草畜平衡，草原生态环境明显改善，草原畜牧业生产方式加快转变。到2020年，全面实现草畜平衡，草原生态步入良性循环轨道，草原畜牧业向质量效益型转变取得重大进展，牧区经济结构进一步优化，农牧民生产生活条件全面改善，基本实现全面建成小康社会的目标。重点做好六方面工作：一是进一步完善草原承包经营制度；二是确保草原补奖政策实施效果；三是加快推进现代草原畜牧业发展；四是依法打击草原违法犯罪行为；五是提高草原监测和防火防灾能力；六是加大南方草地保护建设力度。

四、草原生态建设

【规划制定】

2011—2015年，国家制定和出台了一系列全国性或区域性生态保护规划，如《全国主体功能区规划》《全国牧区水利发展规划》《青海三江源生态保护和建设二期工程规划》《京津风沙源治理二期工程规划（2013—2022年）》《岩溶地区石漠化综合治理工程“十三五”建设规划》《农业环境突出问题治理总体规划（2014—2018）》《全国农业可持续发展规划（2015—2030年）》《种养结合循环农业工程建设规划（2016—2020年）》《全国牛羊肉生产发展规划（2013—2020）》《全国游牧民定居工程建设“十二五”规划》等，为草原保护和畜牧业发展打下了良好的基础。

2011年，农业部畜牧业司组织编制了草原保护建设利用“十二五”规划和退牧还草、草业良种、草原防灾减灾、草原自然保护区建设、草原监理监测技术推广体系建设、奶牛产业带优质牧草基地、牧区畜牧业转型示范、南方草地保护建设8个分工程规划，以及伊犁河谷草地保护建设、阿勒泰山草地水源涵养保护建设、额尔古纳河流域草地保护建设、康定高寒草原生态修复、滇西北高寒草原生态修复、藏西北高寒草原生态修复、疏勒河流域草地保护建设、天山南北坡草地水源涵养保护建设、草原采矿采油区植被恢复、海西柴达木荒漠化草原生态修复、松嫩平原盐碱化草原治理、科尔沁沙化草原治理和帕米尔高原草地保护建设13个区域工程规划，并邀请专家对各个规划进行了论证，为“十二五”草原保护建设提供了坚实的技术和政策储备。

2012年，农业部畜牧业司按照《国务院关于促进牧区又好又快发展的若干意见》（国发〔2011〕17号）文件要求，编制完成了“内蒙古及周边牧区草原畜牧业提质增效示范工程”“新疆牧区草原畜牧业转型示范工程”和“青藏高原牧区特色畜牧业发展示范工程”等3个工程规划。2014年根据工作需求，农业部畜牧业司组织编制了《牧区草原畜牧业转型示范工程规划》《农牧交错带已垦草原治理工程规划》和《牧区防灾减灾工程规划》，对指导各地开展草原畜牧业转型、已垦草原治理和防灾减灾工作具有重要作用。

【工程建设】

2011—2015年，国家加大草原生态保护建设力度，继续实施退牧还草、京津风沙源治理、西南岩溶地区石漠化综合治理等工程，启动实施草原生态补奖政策、南方现代草地畜牧业推进行动、振兴奶业苜蓿发展行动等项目，累计中央投资1 018.32亿元，比“十一五”期间中央投资增加800多亿元。

（一）退牧还草工程

2003 年，退牧还草工程正式启动，工程在北方干旱半干旱区和青藏高寒草原区的内蒙古、新疆、青海、宁夏、甘肃、四川、云南 7 个省（自治区）和兵团的 96 个县实施。2004 年西藏自治区纳入工程实施范围。2012 年黑龙江省纳入工程实施范围。2014 年辽宁省、吉林省纳入工程实施范围。2015 年陕西省纳入工程实施范围。

工程实施以来，建设内容进行了 4 次调整。2003 年，项目启动时建设内容是禁牧、休牧和轮牧，实行草场围栏。2005 年，为了加快工程区内草原植被恢复，新增了对工程区内部分重度退化草场实行补播的内容。2011 年起，国家在 8 省区全面实施了草原生态保护补助奖励政策，工程区内严重退化草原全部实行禁牧补贴，传统的草原畜牧业生产方式开始转型，为了加强生产性基础设施建设，再次对退牧还草政策做了优化调整和丰富完善，增加了舍饲棚圈和人工饲草地等建设内容。2015 年，为落实汪洋副总理 2014 年视察青海牧区发展的重要指示，安排了严重鼠荒地（黑土滩）和毒害草严重退化草地治理试点内容。同时，根据国务院批准的《农业环境突出问题治理总体规划（2014—2018）》又增加了已垦草原治理试点。

建设标准如下：

（1）围栏建设　青藏高原江河源退化草原治理区 25 元/亩，中央投资 80%，地方配套 20%；其他区域 20 元/亩，中央投资 80%，地方配套 20%（标准以 2004 年物价，按照 3 000 亩一围测算的建设成本）。

（2）严重退化草原补播　20 元/亩，全部为中央投资（种子补助）。

（3）人工饲草料地　200 元/亩，中央投资 80%，地方配套 20%。

（4）棚圈建设　3 000 元/户，全部为中央投资（参照游牧民定居工程标准，每户建设面积 80 米^2 以上）。

（5）石漠化治理　160 元/亩，其中中央投资 100 元，地方配套 60 元。

2015 年新增内容实施标准：

（6）黑土滩治理试点　150 元/亩，全部为中央投资。

（7）毒害草严重退化草地治理试点　100 元/亩，全部为中央投资。

（8）已垦草原治理试点　160 元/亩，全部为中央投资。

2003—2015 年，退牧还草工程中央累计投入资金 235.7 亿元，安排围栏建设任务 0.7 亿公顷，其中，禁牧围栏 0.26 亿公顷、休牧划区轮牧围栏 0.44 亿公顷，配套实施重度退化草原补播 0.19 亿公顷，建设人工饲草地 48.9 万公顷，舍饲棚圈建设 46.45 万户，石漠化草地治理 42.7 万公顷，严重鼠荒地和毒害草严重退化草地治理试点共计 2 万公顷，惠及 254 个县（团、场）、150 多万户农牧民。其中，“十二五”期间，中央投入资金 100 亿元（图 4），安排围栏建设任务 0.19 亿公顷，配套实施重度退化草原补播 615.7 万公顷，人工饲草地建设 49 万公顷，舍饲棚圈建设 46.45 万户，岩溶地区石漠化治理任务29.3万公顷，2015年，新增黑土滩治理试点任务1.33万公顷，毒害草严重退化草地和已垦草原治理试点任务各0.67万公顷。

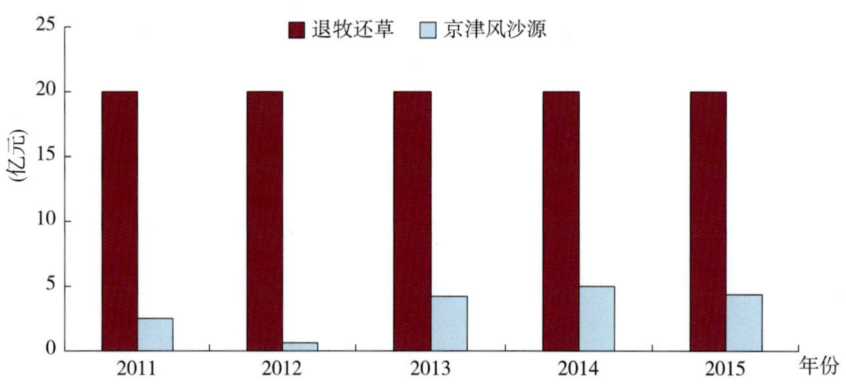

图4 “十二五”期间退牧还草工程和京津风沙源治理工程中央投资情况

（二）京津风沙源治理工程

为改善和优化京津地区的生态环境质量，治理沙化土地，遏制沙尘危害，2000年，国家启动京津风沙源治理工程（简称一期工程），在北京、天津、河北、山西、内蒙古5省（自治区、直辖市）的75个县（旗、市、区）实施。2002年，批复了《京津风沙源治理工程规划》（2001—2010年）。2008年，经国务院批准建设期延长至2012年。为继续加强京津地区生态环境治理，2013年，国务院批准了《京津风沙源治理二期工程规划》（2013—2022年），工程范围涉及北京、天津、河北、山西、陕西及内蒙古6省区的138个县。

一期工程中央投资建设标准：人工种草60元/亩，飞播50元/亩，围栏40元/亩，基本草场建设80元/亩，草种基地500元/亩，棚圈150元/米^2，加工机械2 000元/台（套）；二期工程中央投资建设标准：禁牧6元/亩，飞播牧草50元/亩，人工饲草基地200元/亩，草种基地1200元/亩，暖棚200元/米^2，饲料机械2 500元/台（套），青贮窖120元/米^3，贮草棚120元/米^2。

一期工程截至2012年，国家累计投入中央资金44.6769亿元。工程建设累计完成草地治理816万公顷，暖棚933万米^2，饲料机械11.86万套。2011—2015年，总投资24.6954亿元，其中，中央投资17.0123亿元，地方配套7.683亿元，草地治理48.75万公顷，棚圈建设498万米^2，饲料机械64 485台套，青贮窖199万米^3。

（三）游牧民定居工程

为转变牧区游牧民生产生活方式，保护草原生态环境，加快牧区经济发展，提高游牧民生活水平，从2009年开始，国家在西藏、甘肃、内蒙古、四川、云南、青海、新疆7省（自治区）和兵团实施游牧民定居工程。2012年，国务院批准了《全国游牧民定居工程建设“十二五”规划》。

源、植被生长、生产力、工程效益、草原利用、草原灾害、生态状况等8个方面进行认真总结、分析和评估，对未来一段时期全国草原政策走向、生态形势等进行分析展望，提出草原保护建设方面的对策措施。监测结果表明：2011—2015年，全国天然草原鲜草产量始终保持较高水平，连续5年超过10亿吨（图5），其中2013年，受主要草原区降水充足影响，草原植被长势较好，全国天然草原鲜草产量达到自2005年开展全国草原监测以来历史最高水平。但由于我国草原主要分布在干旱半干旱区和高海拔地区，年际间降水波动较大，造成年际间天然草原鲜草产量也存在着一定波动。“十二五”期间，全国重点天然草原超载率呈快速下降趋势，草原利用方式更趋合理。2015年全国重点天然草原的平均牲畜超载率较10年前下降20.5个百分点，较“十二五”初期的2011年下降14.5个百分点。

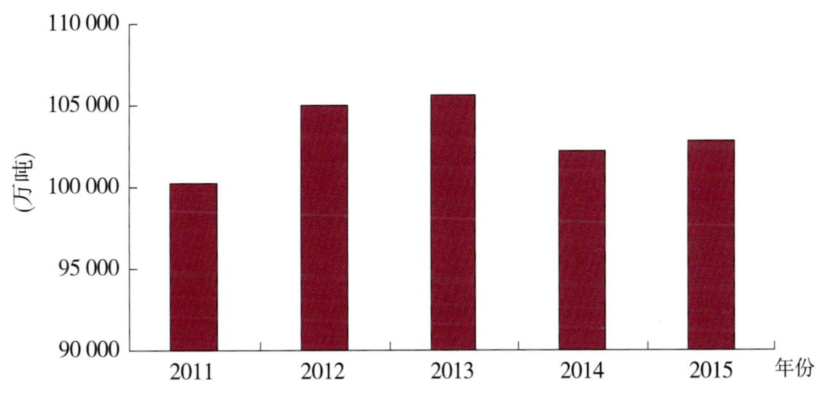

图5　2011—2015年全国天然草原鲜草产量变动情况

2011年，全国天然草原鲜草总产量达100 248.26万吨，较上年增加2.68%；折合干草约31 322.01万吨，载畜能力约为24 619.93万羊单位，均较上年增加2.53%；全国重点天然草原的平均牲畜超载率为28%，较上年下降了2个百分点。其中，西藏平均牲畜超载率为32%，内蒙古平均牲畜超载率为18%，新疆平均牲畜超载率为30%，青海平均牲畜超载率为25%，四川平均牲畜超载率为37%，甘肃平均牲畜超载率为34%。全国268个牧区半牧区县（旗、市）鲜草总产量48 596.25万吨，占全国总产量的49.48%，折合干草15 368.66万吨，载畜能力约为12 115.67万羊单位；天然草原的牲畜超载率为42%，其中牧区县牲畜超载率为39%，半牧区县牲畜超载率为46%。

2012年，全国天然草原鲜草总产量达104 961.93万吨，较上年增加4.7%；折合干草约32 387.46万吨，载畜能力约为25 457.01万羊单位，均较上年增加3.4%；全国重点天然草原的牲畜超载率为23%，较上年下降了5个百分点。其中，西藏平均牲畜超载率为29%，内蒙古平均牲畜超载率为12%，新疆平均牲畜超载率为24%，青海平均牲畜超载率为16%，四川平均牲畜超载率为29%，甘肃平均牲畜超载率为27%。全国268个牧区半牧区县（旗、市）鲜草总产量52 781.29万吨，占全国总产量的50.29%，折合干草16 692.19万吨，载畜能力约为13 159.05万羊单位；天然草原的牲畜超载率为34.8%，较上年下降7.2个百分点，其中牧区县牲畜超载率为34.5%，半牧区县牲畜超载率为36.2%。

2013年，全国天然草原鲜草总产量105 581.21万吨，较上年增加0.59%；折合干草约32 542.92万吨，载畜能力约为25 579.2万羊单位，均较上年增加0.48%；全国重点天然草原的平均牲畜超载率为16.8%，较上年下降了6.2个百分点，自2005年农业部开展全国草原监测工作以来首次降到20%以下。其中，西藏平均牲畜超载率为22%，内蒙古平均牲畜超载率为8%，新疆平均牲畜超载率为19%，青海平均牲畜超载率为14%，四川平均牲畜超载率为19%，甘肃平均牲畜超载率为19%。268县（旗、市）鲜草总产量为53 713.99万吨，占全国总产草量的50.87%，折合干草16 987.61万吨，载畜能力约为13391.97万羊单位；天然草原的平均牲畜超载率为21.3%，较上年下降13.5个百分点，其中牧区县平均牲畜超载率为22.5%，半牧区县平均牲畜超载率为17.5%。

2014年，全国天然草原鲜草总产量102 219.98万吨，较上年减少3.18%；折合干草约31 502.20万吨，载畜能力约为24 761.18万羊单位，均较上年减少3.20%；全国重点天然草原的平均牲畜超载率为15.2%，较上年下降1.6个百分点。其中，西藏平均牲畜超载率为19%，内蒙古平均牲畜超载率为9%，新疆平均牲畜超载率为20%，青海平均牲畜超载率为13%，四川平均牲畜超载率为17%，甘肃平均牲畜超载率为17%。268个牧区及半牧区县（旗、市）鲜草总产量为50 994.86万吨，占全国总产草量的49.89%，折合干草16 127.66万吨，载畜能力约为12 714.04万羊单位；天然草原的平均牲畜超载率为19.4%，较上年下降1.9个百分点，其中牧区县平均牲畜超载率为20.6%，半牧区县平均牲畜超载率为15.6%。

2015年，全国天然草原鲜草总产量102 805.65万吨，较上年增加0.57%；折合干草约31 734.30万吨，载畜能力约为24 943.61万羊单位，均较上年增加0.74%；全国重点天然草原的平均牲畜超载率为13.5%，较上年下降1.7个百分点。其中，西藏平均牲畜超载率为19%，内蒙古平均牲畜超载率为10%，新疆平均牲畜超载率为16%，青海平均牲畜超载率为13%，四川平均牲畜超载率为13.5%，甘肃平均牲畜超载率为16%。268个牧区半牧区县（旗、市）鲜草总产量50 352.45万吨，占全国总产量的49.17%，折合干草15 924.49万吨，载畜能力约为12 553.87万羊单位；天然草原的平均牲畜超载率为17%，较上年下降2.4个百分点，其中牧区县平均牲畜超载率为18.2%，半牧区县平均牲畜超载率为13.2%。

【草原生态】

（一）“十二五”时期我国草原生态持续改善

“十二五”以来，农业部会同有关部门全面落实草原生态补奖政策，加快实施草原保护建设重大工程，积极推进草原畜牧业生产方式转变，大力发展现代草原畜牧业，全国草原生态环境持续恶化势头得到有效遏制。

1. 草原植被状况明显好转

2015 年全国草原综合植被盖度达到 54%，较上年提高了 0.4 个百分点，较 2011 年提高 3 个百分点。据对内蒙古、宁夏、新疆等重点草原地区的监测表明，“十二五”期间我国北方草原植被盖度大幅提高，草原生态持续好转（图 6）。

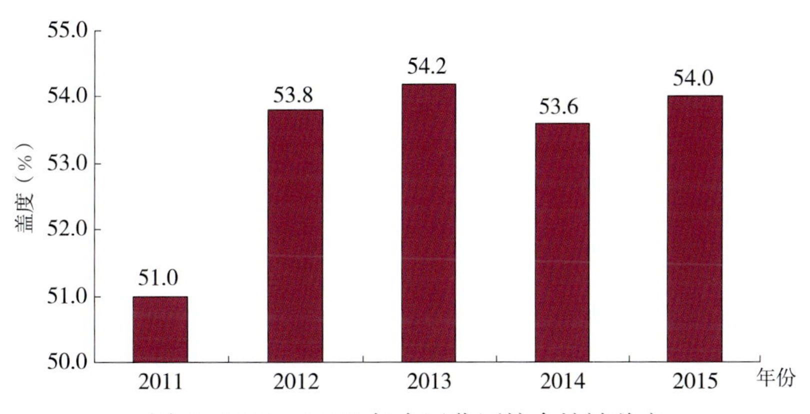

图 6　2011—2015 年全国草原综合植被盖度

2. 草原生态保护建设工程成效显著

2011—2015 年，草原生态保护建设工程项目的实施，有力地促进了草原生态恢复。据对 81 个县（旗、市）的退牧还草工程区进行监测，2015 年工程区内的平均植被盖度为 67%，比非工程区高出 9 个百分点；高度、鲜草产量分别为 14.8 厘米、2 791.7 千克/公顷，比非工程区分别高出 48.0%、40.2%。对 17 个县（市、旗）遥感监测显示，退牧还草工程区内的平均植被盖度和鲜草产量较 2010 年工程实施前分别提高了 3 个百分点和 7.7%。

据对内蒙古、河北、山西 3 省（自治区）京津风沙源治理工程区地面样点调查显示，2015 年退牧还草工程区内的平均植被盖度为 75%，比非工程区高出 18 个百分点；高度和鲜草产量分别为 27.9 厘米、5 232.6 千克/公顷，比非工程区分别增加 69.6%和 93.0%。据对 2001 年实施工程的 9 个县（旗）进行遥感监测，2015 年草原植被盖度和鲜草产量比 2001 年分别增加 13 个百分点和 22.1%。京津风沙源治理工程的实施，有效遏制了严重沙化草地的扩张，其中，内蒙古镶黄旗、锡林浩特市、东乌珠穆沁旗三旗（市）严重沙化草地面积较 2000 年减少约 35.7%。

据对西南岩溶地区草地治理试点工程区监测调查显示，2015 年改良草地工程区植被盖度、高度、鲜草产量比非工程区分别提高了 11 个百分点、12.8%和33.3%;围栏封育工程区植被盖度、高度、鲜草产量比非工程区分别提高 14 个百分点、32.4%和 45.0%;人工草地工程区植被盖度、高度、鲜草产量比非工程区分别提高 28 个百分点、90.5%和 156.4%。

(二)典型区域草原生态状况明显改善

2011—2015 年,农业部组织有关单位先后在内蒙古锡林郭勒、呼伦贝尔、鄂尔多斯等典型区域开展了草原生态状况综合评价工作,在科尔沁沙地、宁夏中北部区域开展了草原沙化遥感监测试点工作。监测结果表明草原生态保护建设工程和管理措施取得明显成效,监测区域草原生态状况明显改善。

1. 锡林郭勒草原

20 世纪 80 年代至 21 世纪初,锡林郭勒草原生态加剧退化。21 世纪初以来,锡林郭勒盟草原生态逐步恢复,草原盖度和牧草产量明显提高,草群中多年生牧草比例有所增加,草群中一年生植物比例显著降低,草原生态系统功能正在逐步恢复。其中,温性典型草原的平均盖度增加 5.8 个百分点,每公顷牧草鲜重增加 59.2 千克,一年生杂草所占比例降低 16.6 个百分点。但与 20 世纪 80 年代相比,优良的多年生牧草种类和种群密度仍较低,一年生杂草种群密度较高,除盖度较接近外,各类型草原牧草高度、产量均较低,生态状况还没有恢复到 20 世纪 80 年代的水平。

2. 呼伦贝尔草原

20 世纪 80 年代至 2004 年,呼伦贝尔草原生态整体恶化。2005—2014 年,呼伦贝尔草原生态逐渐恢复。2014 年草原植被盖度 79.9%,较 2004 年约增加 15 个百分点,特别是 2011 年以来,草原植被盖度始终处于相对较高水平,基本接近 20 世纪 80 年代平均水平(图 7)。

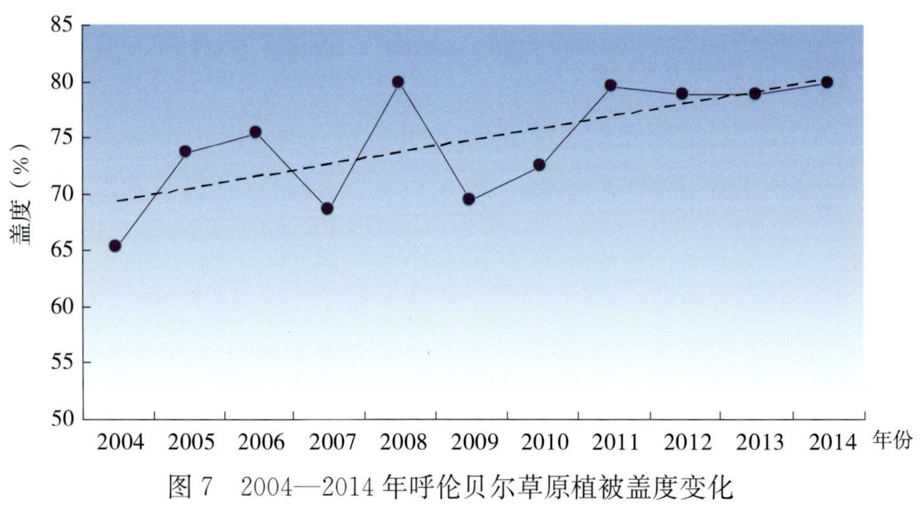

图 7　2004—2014 年呼伦贝尔草原植被盖度变化

3. 鄂尔多斯草原

20 世纪 80 年代至 21 世纪初，鄂尔多斯草原开垦、开矿及退化、沙化、盐渍化草原面积逐年增加，鄂尔多斯天然草原面积减少 9.4%，草原生态退化趋势明显。2000 年以来，鄂尔多斯市草原开垦得到有效遏制，鄂尔多斯草原面积逐渐恢复到了 20 世纪 80 年代的水平，草原退化和盐渍化程度明显降低，天然草原生产力整体呈上升趋势，特别是近几年来草原植被盖度始终处于相对较高水平，甚至达到 20 世纪 80 年代平均水平（图 8）。

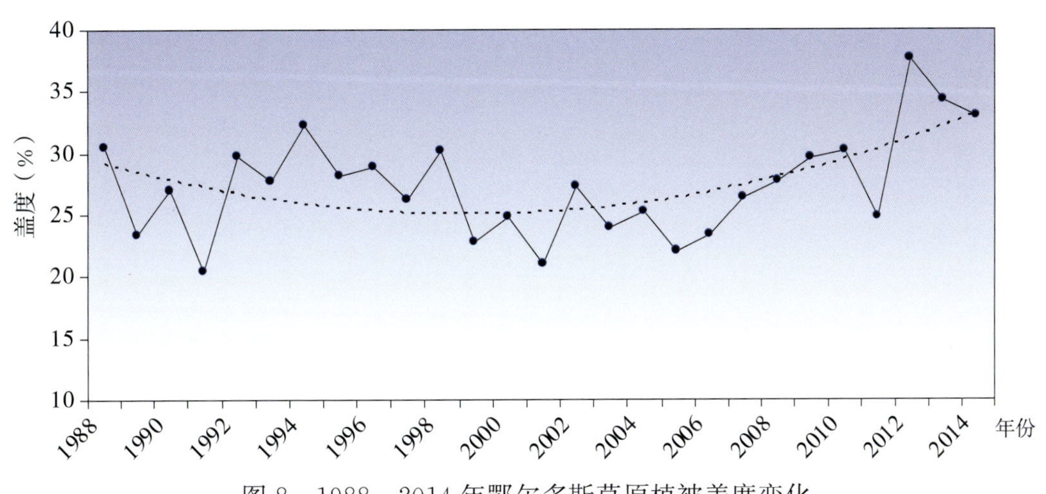

图 8　1988—2014 年鄂尔多斯草原植被盖度变化

4. 科尔沁沙地

1985—1992 年，科尔沁沙地草原沙化面积持续扩大，草原生态功能下降，沙生植物比例不断增加，在重度沙化草原，植被变得稀疏，较平缓的沙地、固定沙丘或半固定沙丘演变成中大型沙丘、半流动沙丘或流动沙丘，生态系统功能下降。1992—2001 年，科尔沁沙地草原沙化状况基本保持稳定。2001 年至今，科尔沁沙地草原沙化状况加速改善。进入 21 世纪以来，国家和相关地方对草原生态问题日益重视，草原禁牧力度加大，草原生态保护工程陆续实施，一些严重沙化草地得到治理，草原沙化面积不断缩小，沙化程度有所减轻。

5. 宁夏中北部草原

对宁夏中北部的银川市、中卫市、吴忠市、石嘴山市的 16 个县（市、区）的监测结果表明，宁夏回族自治区草原沙化状况明显改善。一方面，沙化草原面积明显减少，1993—2011 年近 20 年的时间内，该区域沙化草原面积占国土面积的比例下降 4.5 个百分点；另一方面，草原沙化程度明显减轻。近 20 年的时间内，2 441 千米^2 的重度沙化草原转化为中度、轻度或未沙化草原，1 099 千米^2 的中度沙化草原恢复为轻度或未沙化草原。

专栏五

第三届中国草业大会在呼和浩特市隆重召开

2014年7月17—19日，第三届中国草业大会在呼和浩特隆重召开，会议规模达500余人。本次大会围绕“历史机遇、生态文明、食物安全”的主题，回顾了中国草产业发展历程，展示了中国草产业的巨大成就，重点讨论“小草”在生态产业发展、生态文明建设以及食品安全中的积极作用，全面推进新时期草业的可持续发展。农业部副部长于康震在会上做了重要讲话。于康震指出，发展现代草业是维护生态安全、建设美丽中国的重要举措，要抓住历史机遇，统筹规划，因地制宜，加快发展。发展现代草业是振兴草原畜牧业、增加农牧民收入的重要途径，要充分发挥草业的多功能性，延长产业链兴牧富民，做大草产业绿化山川。发展现代草业是加快草原地区发展、全面建成小康社会的重要方面，要把草业作为草原地区实现脱贫致富的重要依托，种草养畜，草畜配套，兴草促发展，兴草促增收。于康震要求，各级农牧部门要牢固树立“小草大事业”的理念，把生态工作的主战场放在草原上，把发展草食畜牧业的着力点聚焦在草业上，以更扎实的作风深入基层听民声，以更务实的态度狠抓落实强服务，全力推进草业工作再上新台阶。

六、草原防灾减灾

【草原火灾】

2011—2015 年，在各级政府的统一领导下，在各有关部门的大力支持下，各级草原防火部门努力拼搏，紧紧围绕草原生态安全和农牧民生命财产安全，坚持“预防为主，防消结合”的工作方针，以扎实的工作作风圆满完成了各项草原防火工作任务。5 年间，草原火灾受害率与重特大草原火灾发生率始终控制在 0.3%～3%，草原火灾发生次数和受害草原面积均处于历史低位水平。

（一）开展的主要工作

1. 推进“一案三制”建设，完善应急处置机制

各地深入贯彻落实《草原法》与《草原防火条例》，积极推进草原防火预案体系、法规制度、管理体制与运行机制建设，夯实草原防火的法制与制度基础。5 年间，制订国家、省、市、县、乡五级草原火灾应急预案近 3 000 件。进一步健全草原火情监测和火险气象预警、地区联防、专群联防、草林联防、军地联防等应急联动机制。基本形成了政府统一领导、部门分工负责、专家出谋划策、救援队伍积极参与的草原火灾应急预案体系与管理机制。

2. 推进保障体系建设，夯实草原防火物质基础

5 年间，中央投资安排建设草原防火物资储备库 21 个、草原防火站 172 个，涉及 14 个重点草原防火省区，以及新疆生产建设兵团和黑龙江省农垦总局。截至 2015 年年底，全国累计建设草原防火物资储备库 65 个、草原防火站 227 个。根据基层一线对防扑火作战装备的需求，2011 年中央财政安排 1 200 万元专项资金用于防扑火装备购置，5 年间安排中央草原防火物资储备库装备购置 744 万元，共购置风力灭火机、防火服等草原防火物资装备近 2 万台（套）。5 年共建设近 1.5 万千米的边境草原防火隔离带，涉及内蒙古、吉林、甘肃、新疆 4 省（自治区）和新疆生产建设兵团的 57 个边境县(旗、团)。在境外火频发重发区，布网严密、阻隔功能强大的边境草原防火隔离带基本形成。

3. 推进信息化体系，提升草原火灾防控信息化水平

“十二五”期间，建设草原防火应急指挥中心 12 个，全国累计建设草原防火指挥中心 36 个。为 14 个省区和新疆生产建设兵团、黑龙江省农垦总局的 82 个市及 303 个县配备了必要的信息化设备，基本建立了部、省、市三级信息化应急指挥平台。联合中国气象局，共同研发草原火险气象预警信息系统，实时监测各重点草原地区卫星监测热点信息，及时提供草原火灾地区气象信息，为草原扑火作战决策指挥提供依据。组织开发草原防火综合管理系统、扑救指挥系统、火场三维模拟显

示子系统等信息系统，初步形成了以互联网为载体，应用信息系统为主要内容，部、省、市、县四级上下贯通的草原防火信息网络平台。

（二）主要工作成效

1. 保障能力明显提高

“十二五”期间，草原防火基础设施建设共完成中央投资 6.19 亿元，其中中央基本建设投资 5.04 亿元，中央财政专项 1.15 亿元，中央投资总额比“十一五”增加 3.4 亿元。历经 5 年建设，防火物资储备库建设覆盖 95%极高火险市和 36%的高火险市，防火站建设覆盖 81%的极高火险县和 27%的高火险县，基本形成纵向到底，横向到边，上下驰援的防扑火物资保障体系。通过组织实施草原火灾应急管理行业科技研究项目，取得了一批科研成果，新型灭火机具携带装置、风力灭火机电启动装置等部分新技术已进入生产应用阶段，为高效扑救草原火灾提供科技动力。

2. 预防能力明显提高

监测预警能力进一步提高，卫星监测预警的针对性、精准性和时效性增强。火情热点监测发现时间基本控制在 30 分钟以内，热点核查覆盖率与精准度达到 99%以上，基本做到不漏查、不迟查和不错查。灾情调度速度加快，依托草原防火指挥综合信息系统和应急通信设备，火情核查与扑救信息传输速度加快，全国草原火情 4 小时核查、草原火灾 2 小时报告率达 100%，重特大草原火灾不间断报告率达 100%，基本做到火情信息快速上传下达。

3. 扑救能力明显提高

各地以实施草原防火基础设施建设项目为抓手，积极推进防扑火队伍建设。14 个重点草原防火省区、新疆生产建设兵团和黑龙江省农垦总局均成立了由政府主管领导担任指挥长的防火指挥部。截至 2015 年年底，全国有县级以上草原防火机构 1 261 个，防火人员 2 万多人，比“十一五”末增加 1.3 万人。应急队伍 7 000余支，人员 19 万多人，比“十一五”末增加 17 万人。火灾扑救应对速度明显加快，扑火作战能力大幅提高，部门协同水平大为提升，全国草原火灾 24 小时扑灭率一直保持在 95%以上。草原火灾发生次数与损失始终处于历史低位。2011—2015 年，全国共发生草原火灾 512 起，受害草原面积 33 万公顷，经济损失 2.56 亿元，伤亡 34 人（其中死亡 4 人）。草原火灾受害率与重特大草原火灾发生率控制在 3‰与 3%以内。与“十一五”相比，死亡人数减少 20 人，草原火灾发生次数减少 640 起，每年挽回经济损失达 4.8 亿元。

（三）存在的主要问题

尽管“十二五”期间草原防火基础设施建设取得了很大成效，但也存在一些不容忽视的问题。

1. 预防体系不健全

监测预警能力不强，火情监测主要依靠卫星，限于卫星过境频率、在轨工作时间及天气变化等影响，火情监测一直存在盲区。地面监测网络建设严重滞后，瞭望塔及预警视频监控数量不足，重点防火区域瞭望监测率为 5%，其中火情自动监控率不到1%，不能满足草原火情早发现的实际需要。防火阻隔工程系统建设滞后。边境地区草原防火隔离带投资与建设标准10年未提高，特别是边境火重发频发区防火隔离带开设数量不足，建设标准不高，阻隔重大境外火效能较低。中俄、中蒙及中哈边境历经多次勘查划界，重划区大多未开设隔离带，外火入境与内火外延的隐患增大。另外，中央财政仅满足边境地区防火阻隔工程建设，尚未包含重要设施集中区、草原自然保护区及林草交错区等内陆关键区域的防火阻隔工程建设。

2. 扑救体系薄弱

专业化程度低，草原专业消防队伍总量不足，发展不平衡，组织管理不规范。全国只有内蒙古、河北、新疆等部分地区建驻草原扑火专业队伍，绝大部分地区为半专业扑火队或临时组成的群众扑火队，主管部门既有乡镇政府，也有林业与畜牧部门，管理模式复杂，训练不足，防扑火作战能力不高。装备落后，各地草原防火装备数量不足，无法满足重特大草原火灾的扑救之需。主战装备单一，主要以二号工具为主，手提式与背负式灭火机为辅，以水灭火与风水结合灭火装备缺乏。大型装备匮乏，大型运兵车、大型隔离带开设机具、野外宿营车等现代装备匮乏，严重制约扑火作战效率。

3. 保障体系层次较低

基础设施建设经费保障机制不稳定，多层次、多渠道与多元化的投入机制尚未形成，科技助跑作用不明显，专门从事草原防火科研的机构与院校偏少，人才匮乏，科研基础设施较差。科研成果与装备企业对接不够，市场化、实用化水平低。

4. 信息化建设水平不高

草原防火应急指挥中心建设数量少，覆盖范围小。除了省级外，只有19个极高火险市建设了草原防火应急指挥中心，建设占比仅占应建数量的44%。在县级层面，大多数极高火险县没有建设指挥中心，草原防火应急管理信息化建设断层问题突出。手段落后，电话加传真一直是草原火情信息传输的主要手段。草原地区地广人稀，通信落后，手机信号无法全覆盖，草原火情信息报告迟报化、内容碎片化、实时性差及图像信息少等问题突出，直接制约着各级草原防火指挥机构的扑火作战决策指挥。

（四）面临的严峻形势

当前，草原防火面临的形势发生了较大变化，草原火灾防控压力越来越大。

1. 草原火险源增加

据监测，5年间，全国草原植被盖度和生产力持续保持较高水平，一些火灾易发频发区的草原植被高度、盖度及产草量高于全国平均水平，草原火灾可燃物载量显著增多，部分地区甚至超出重特大草原火灾可燃物载量的临界点。与我国接壤的蒙古国、俄罗斯及哈萨克斯塔境内草原火灾发生频率增高，过火面积增大，火线长度扩长，压境距离缩短，越境次数频繁，特别是2015年3起特大草原火灾均由境外火入侵引发，给我方草原防火安全造成重大威胁。

2. 致灾气候增加

受全球气候变化异常影响，我国主要

草原区相继出现高温、干旱及大风等极端天气。季节性不突出，火灾气候规律特点不明显，草原火险等级高位运行时间长，火灾防控的复杂性、艰巨性与长期性增大。致灾气候持续时间长，部分火灾重发频发区出现极端气候持续时间长的情况。2014年，新疆北部大部盛夏几乎无雨，牧草提前枯黄，导致8月境外火就开始越境。去年春防期间，内蒙古东部及西部地区6级以上大风天气达21天，气温较常年偏高2℃，降雨偏少20%，给有效防控草原火灾造成重大困难。

3. 隐患增多，火源难控

人员往来频繁。草原旅游热方兴未艾，各类开发建设如火如荼，草原地区人员往来频繁，科学用火意识差，火灾隐患点多面广难防。重要设施增多。草原地区城镇化建设加快，牧民集中定居点增多；交通设施明显改善，铁路公路纵横连贯于草原；工业化提速，厂矿企业星罗棋布。火患防控任务十分艰巨。防控手段落后。草原易发频发区大多位于老少边穷地区，交通不便、通信不畅、经费短缺、人员不足、装备极差，草原火灾防控能力极弱。致灾损失增大。草原承包到户，农牧民护草意识增强，自救草原火灾愿望强烈，由于缺乏专业装备和扑火自救基本常识，极易造成重大人员伤亡。另外，城镇、工厂及森林交错镶嵌于草原，火灾造成的直接经济损失会不断加大。

（五）火灾灾情

2011年，全国共发生草原火灾83起，其中重大草原火灾1起。累计受害草原面积为1.75万公顷，无人员伤亡和牲畜损失。从时间看，火灾主要发生在4月、5月和10月，共发生草原火灾43起。从区域看，火灾较为严重的是内蒙古、吉林和青海3省（自治区），受害草原面积为1.6万公顷。从起火原因看，烧荒引起草原火灾的比例最高，占全国草原火灾发生次数的26.5%。5月24日13时5分，内蒙古锡林郭勒盟东乌旗道特淖尔镇哈达图嘎查境内发生一起重大草原火灾。经统计，此次火灾烧毁草原面积7 890公顷，造成经济损失511.5万元，无人员伤亡。经奋力扑救，明火于当日19时40分全部扑灭。

2012年，全国共发生草原火灾110起，其中一般草原火灾88起，较大草原火灾17起，重大草原火灾3起，特大草原火灾2起。受害草原面积127 133公顷，经济损失10 990.9万元，死亡2人、受伤8人，牲畜损失20 989头（只）。从时间看，3月、4月和5月全国草原火灾发生次数较多，共85起，占全国草原火灾发生次数的77.3%，受害草原面积123 850.7公顷，占全国草原火灾受害面积的97.4%。从区域看，火灾主要发生在内蒙古、吉林和四川3省（自治区），共发生草原火灾84起，占全国草原火灾发生次数的76.4%，受害草原面积为124 188.3公顷，占全国草原火灾受害面积的97.7%。从起火原因看，烧荒引起草原火灾的比例最高，其次为取暖做饭，分别占全国草原火灾发生次数的32.7%和12.7%，其他起火原因占全国草原火灾发生次数的24.6%，未查明原因占

30%。4月7日，内蒙古自治区锡林郭勒盟东乌旗发生一起特别重大草原火灾。经调查，起火原因为电线短路。经统计，此次火灾受害草原面积7.66万公顷，共造成2人死亡，8人轻伤，120户牧户受灾，死亡牲畜近2万头（只），烧毁房屋354米^2、蒙古包36顶、棚圈6 765米^2、饲草料0.281 5万吨、车辆18辆、网围栏100.8万延长米，造成直接经济损失8 665.3万元。经过9小时的奋力扑救，将明火全部扑灭。

2013年，全国共发生草原火灾90起，其中一般草原火灾76起，较大草原火灾13起，重大草原火灾1起。受害草原面积35 077.3公顷，经济损失759万元，受伤1人，无牲畜损失。从时间看，3月、4月和10月全国草原火灾发生次数较多，共67起，占全国草原火灾发生次数的74.4%，受害草原面积28 542.3公顷，占全国草原火灾受害面积的81.4%。从区域看，火灾主要发生在内蒙古、四川和青海3省（自治区），共发生草原火灾69起，占全国草原火灾发生次数的76.7%，受害草原面积为32 698.7公顷，占全国草原火灾受害面积的93.2%。从起火原因看，烧荒和吸烟引起草原火灾的比例最高，分别占全国草原火灾发生次数的11.1%和8.9%；取暖做饭、野外作业失火等其他起火原因占全国草原火灾发生次数的36.7%；未查明原因的占43.3%。10月6日凌晨5时50分，内蒙古自治区呼伦贝尔市新巴尔虎右旗发生一起重大草原火灾。明火于当日15时50分被全部扑灭。经调查，起火原因为雷击，火灾受害草原面积7 800公顷，无人员伤亡和牲畜损失。

2014年，全国共发生草原火灾158起，其中一般草原火灾150起，较大草原火灾7起，重大草原火灾1起。受害草原面积39 338.6公顷，经济损失2 204.6万元，受伤2人，牲畜损失1 223头（只）。从时间看，4月和10月全国草原火灾发生次数较多，共106起，占全国草原火灾发生次数的67.1%，受害草原面积35 263.8公顷，占全国草原火灾受害面积的89.6%。从区域看，火灾主要发生在内蒙古和吉林两省区，共发生草原火灾111起，占全国草原火灾发生次数的70.3%，受害草原面积为36 570.6公顷，占全国草原火灾受害面积的92.9%。从起火原因看，上坟烧纸引起草原火灾的比例最高，其次为烧荒，分别占全国草原火灾发生次数的22.8%和13.9%，其他起火原因占全国草原火灾发生次数的20.9%，未查明原因的占42.4%。据新疆生产建设兵团报告：8月13日18时45分发现的哈萨克斯坦共和国境内草原火，沿我国新疆生产建设兵团第九师161团边境（裕民县，190号至202号界桩）蔓延约35千米，于14日、15日几次蔓延至我国境内，经我方180余人48小时奋力堵截扑救，入境草原火于15日18时被全部扑灭，哈萨克斯坦共和国境内草原火于16日上午10时全部熄灭。此次入境火灾共造成过火面积1 200公顷，直接经济损失约130万元，无人员伤亡和牲畜损失。

2015年，全国共发生草原火灾88起，其中一般草原火灾80起，较大草原火灾3起，特大草原火灾5起。累计受害草原面积 118 116.8 公顷，经济损失10 761万元，死亡 2 人、受伤 22 人，牲畜损失 4 724 头（只）。从时间看，3 月和 4 月全国草原火灾发生次数较多，共 56 起，占全国草原火灾发生次数的 63.6%，受害草原面积 112 217 公顷，占全国草原火灾受害面积的 95%。从区域看，火灾主要发生在内蒙古和黑龙江两省区，共发生草原火灾 50 起，占全国草原火灾发生次数的 56.8%，受害草原面积为 114 735.5 公顷，占全国草原火灾受害面积的 97.1%。从起火原因看，烧荒引起草原火灾的比例最高，其次为电线短路，分别占全国草原火灾发生次数的 22.7%和 9%，其他起火原因占全国草原火灾发生次数的 39.9%，未查明原因占 28.4%。从造成损失看，越境火带来的危害最重，蒙古国和俄罗斯境外火对我国草原构成威胁 150 次，沿边境蔓延累计达 6 120 多千米，共有 19 次烧入我国境内，今年致灾损失最大的 3 起特大草原火灾均由境外火入侵引发。2015 年春季，受境外火频繁发生、草原可燃物存量攀升、大风干旱等恶劣天气增多等因素影响，全国各重点草原防火省区草原火情频现、火灾频发。特别是内蒙古自治区接连发生 5 期特大草原火灾，农业部草原防火指挥部及时启动 5 次Ⅱ级应急响应。

【草原雪灾】

（一）灾害防治

党中央、国务院高度重视草原牧区寒潮冰雪灾害的防灾减灾工作，在促进牧区经济社会发展的同时，努力推动防灾减灾工作的深入开展。经过多年坚持不懈的努力，草原牧区防灾减灾能力和工作水平不断提高，草原畜牧业因灾损失明显减少。

1. 有效建立应急工作机制

2012 年，《农业部草原畜牧业寒潮冰雪灾害应急预案》公布实施。各牧业省份均制订或修订了本省区畜牧业重大自然灾害应急预案；各易灾地（市、州）和县（旗）人民政府依照相关规定，修订了本级重大自然灾害突发事件应急预案。各级人民政府认真应急预案要求，领导草原畜牧业寒潮冰雪灾害应急机构，切实加强了寒潮冰雪灾害的监测、预报、预警工作，有针对性地采取防灾抗灾措施，初步形成了国家、省、市、县四级应急响应工作机制。

2. 强化防灾工程顶层设计

2015 年，为贯彻落实《国务院关于促进牧区又好又快发展的若干意见》和《国家突发公共事件总体应急预案》等有关文件精神，农业部组织编制了《牧区草原防灾减灾工程规划（2016—2020 年）》。“十三五”期间，拟在 224 个易灾重灾县建设牲畜暖棚和饲草储备设施，改善牲畜越冬条件，建立应急饲草储备机制，保障灾期牧草供应，减少成幼畜越冬死亡率。配备必要的疏通牧区交通的破雪机械，提高应急保障能力，并在适宜地区建设人工饲草地，保障储备库所需牧草的及时更新补充，建立饲草储备周转长效机制。同时，将牧区草原畜牧业寒潮冰雪灾害防灾基础设施建设纳入《农业生产安全保障体系建设规划（2016—2020 年）》，作为一项重要建设内容，力争“十三五”期间强化基础设施建设，切实增强牧区草原畜牧业寒潮冰雪灾害防灾减灾能力。

3. 周密部署防灾减灾工作

农业部联合气象部门，积极做好牧区雪灾监测预报，及时发布气象灾害预警信息。在每年入冬前，农业部及时印发通知，要求相关省区完善重大灾害天气会商机制和寒潮冰雪灾害监测预警专业化运行机制，加强宣传预警，引导农牧民做好饲草储备，加快牲畜出栏进度，指导农牧民加固棚圈，增加保温设施，加强基础母畜饲养管理，做好防流保胎工作，确保基础母畜和仔畜安全过冬度春。

4. 深入开展抗灾救灾工作

各级草原畜牧业应急管理部门严格按照应急预案和相关工作规程，强化责任落实，加强应急值守和应急处置。2012 年，针对内蒙古畜牧业遭受寒潮冰雪情况，农业部及时启动Ⅲ级应急响应。12 月 11—12 日，受韩长赋部长委派，国家首席兽医师、农业部草原畜牧业寒潮冰雪灾害应急指挥部副总指挥于康震带队深入内蒙古锡林郭勒盟正蓝旗、锡林浩特市等受灾严重的地区慰问牧户，了解畜牧业受灾和牧民生产生活情况，指导地方开展抗灾救灾工作。2014—2015 年，农业部共争取饲草料中央财政补助资金近 4.6 亿元，解决了遭受雪灾灾区抗灾保畜面临的困难问题，努力把灾害损失降到最低程度。

（二）重大灾情

2012 年冬至 2013 年年初，降雪和低温天气对内蒙古、新疆、西藏等地畜牧业生产造成影响。内蒙古呼伦贝尔市、通辽市、赤峰市、锡林郭勒盟和乌兰察布市等地区有 6.8 亿亩草场被大雪覆盖，47 个旗县、357 个苏木乡镇、4 069 个嘎查村、71.7 万农牧户、238 万人不同程度受到降雪影响，有 2 268 万头只牲畜不能正常放牧，因灾害死亡大小畜 7 万头只。降雪导致 52 万米^2 棚圈倒塌。畜牧业直接经济损失 4.6 亿元。新疆伊犁、塔城、阿勒泰等地区有 1.4 亿亩草场被大雪覆盖，共有 31 个县 11.2 万农牧户、40.8 万人不同程度受到降雪影响，有 425 万头（只）牲畜不能正常放牧。降雪导致 15.6 万米^2 棚圈倒塌，因灾死亡大小畜 1.38 万头（只），直接经济损失 1.1 亿元。西藏日喀则、阿里地区遭受大雪强降温天气，全区因灾死亡牲畜 2.2 万头（只）。

【草原鼠害】

（一）灾害发生情况

2011—2015 年，全国草原鼠害年均危害面积 3 530 万公顷，主要分布在河北、山西、内蒙古、辽宁、吉林、黑龙江、四川、西藏、陕西、甘肃、青海、宁夏、新疆等省区和新疆生产建设兵团。主要危害种类包括高原鼠兔、高原鼢鼠、草原鼢鼠、东北鼢鼠、大沙鼠、长爪沙鼠、布氏田鼠、黄兔尾鼠、鼹形田鼠和黄鼠等。

（二）灾害防控情况

2011—2015 年，各级农牧部门切实加强组织领导，健全指挥机构，完善应急响应机制，逐级落实防控责任，强化督导检查与技术服务，把草原鼠害防控作为恢复草原生态，改善牧区民生的重要举措，年均防控草原鼠害714万公顷,实现鼠害总体危害程度持续减轻,灾害面积逐步下行。

1. 加强灾害监测预警

每年春季,各级农牧部门编发年度草原鼠害监测预警报告,对重点物种和重点区域灾害做出预警,指导开展防控工作。各地草原技术推广机构根据鼠害发生动态,扎实开展鼠害监测工作,建设草原鼠害监测站29个,发展村级草原植保员1.9万名,形成了秋季开展防控效果和越冬基数调查、春季组织开展越冬成活率调查、害鼠出蛰后开展路线调查、防控关键季节数据定期报送的工作机制,实现对草原鼠害的长、中、短期测报和实时监测,有效提升了灾情响应速度。

2. 及早部署防控工作

每年防控季节到来之前,农业部印发关于切实做好草原鼠虫害防治工作的通知,对草原鼠害防控工作进行部署。各地农牧部门按照"属地管理,分级负责"的原则,建立健全防控指挥协调机构,逐级落实防控责任,结合灾害发生特点,抓住关键时期和重点环节,提前制订防控方案,细化防控措施,及早储备物资,确保防控工作适时开展。

3. 扎实开展技术服务

防控关键时期,各级农牧部门赴重点地区开展技术服务,进村入户,结对帮扶,着力疏通联系服务农牧民群众的"最后一公里",提高防控区科技普及率。2014年,为巩固和深化党的群众路线教育实践活动成果,农业部决定在全国农业系统深入开展"为农民服务"活动。其中,"草原灭鼠减灾"活动被列为八项重点活动之一,由全国畜牧总站牵头组织实施。当年全国共开展科技下乡4 179次,印发技术手册(明白纸)7.7万册,培训牧民和技术人员6.2万人次,防控草原鼠害749万公顷,挽回牧草直接经济损失10亿元,受益牧户6.3万户,实现了"保护草原、减少损失、惠及牧民"的目标。

4. 示范推广绿色防控技术

全国畜牧总站组织有关省区开展草原鼠害绿色防控技术应用与示范,研究绿色防控模式,对不同密度的鼠害发生区分区施策,通过应急防控和持续控制,将鼠密度控制在经济阈值之下,促进草原植被恢复,增强草原生态系统自然调控能力。各地牢固树立"绿色植保"理念,推广应用肉毒素、招鹰控鼠、野化狐狸等成熟的生物防控技术,甘肃、四川等地开展雷公藤防控鼠害推广试验;新疆维吾尔自治区积极探索利用飞机投放饵料防控鼠害;内蒙古和青海省积极组织开展猎犬灭鼠的新技术试验示范,进一步做好技术储备。2015年全国草原鼠害生物防控比例达到82%,较"十一五"末提高4个百分点。

【草原虫害】

(一)灾害发生情况

2011—2015年,全国草原虫害年均危害面积1 536万公顷,主要分布在河北、山西、内蒙古、辽宁、吉林、黑龙江、四川、西藏、陕西、甘肃、青海、宁夏、新疆等省区和新疆生产建设兵团。主要危害种类包括草原蝗虫、草原毛虫、叶甲类害虫、夜蛾类害虫和草地螟等。

（二）灾害防控情况

2011—2015 年，各级农牧部门全面落实中央 1 号文件有关草原植保的政策措施，努力创新机制，完善手段，扎实推进防控工作，年均防控草原虫害 492 万公顷，总体危害呈现下降趋势，2015 年草原虫害面积处于 2000 年以来的最低点。

1. 监测预警制度化

全国共建设了 26 个草原虫害固定监测点。依托定点监测，研究害虫种群发展与生态环境关系，为组织编制草原虫害监测预警报告，指导做好重点地区、重点物种灾害发生趋势的研判和预警提供了重要支撑。累计发展村级草原植保员 1.9 万名，充分发挥农牧民熟悉本地情况的优势，常年密切监控上报灾害苗头。在草原虫害发生和防控关键时期，组织专业技术人员深入实地，开展路线调查，实行 24 小时值班和周报制度。“定点监测、路线调查、牧民监控、应急值班”四位一体的监测预警工作机制逐步形成。

2. 技术服务常态化

每年防控季节，各级农牧部门技术人员奔赴一线开展技术服务与督导检查，深入了解灾情，落实针对措施，积极开展防控工作。各级农牧部门通过“集中培训、现场培训、进村入户、结对帮扶”等措施，着力疏通联系服务农牧民群众的“最后一公里”，累计开展科技下乡 2 万多次、印发技术手册和明白纸 38 万册、培训技术人员和农牧民 95 万人次，圆满完成了 2012 年农业部为农民办实事——“百万牧鸡治蝗增收行动”，组织牧户 1.25 万户，投入牧鸡 289 万只，牧鸡治蝗面积 94.4 万公顷，减少牧草直接经济损失达到 1.27 亿元，技术服务扎实到位。

3. 防控技术绿色化

各地大力推广应用生物、物理和生态治理措施，采用微生物农药、植物源农药、低毒低残留化学农药替代高毒高残留农药，大中型高效药械替代小型低效药械；推行精准科学施药和专业化统防统治，提高农药使用效率。根据我部蝗灾防治指挥部要求，推动出台《全国蝗虫可持续治理规划（2014—2020 年）》，明确了草原蝗虫的可持续防控目标。2013 年，全国畜牧总站主持、主要牧区省份参与实施的《草原虫害生物防控综合配套技术推广应用》项目获得 2011—2013 年度全国农牧渔业丰收奖一等奖。2015 年草原虫害生防比例达到 58%，较“十一五”末提高 16 个百分点，进一步促进草原生态修复。

4. 防控水平专业化

各地根据灾害特点，积极培育和组建专业化防控队伍，加快引进和推广先进适用的新型高效防治机械，强化队伍装备，重点危害地区实现了防控行动专业化、防控装备精良化，确保了重发区灾害在短时间内得到有效控制。新疆、内蒙古、青海积极探索防控机制创新，在一些地区形成了“政府支持、企业参与、市场运作”的防控模式，防控效率、效果和效益明显提升。

【草原旱灾】

2014 年，受夏季降雨持续偏少影响，新疆北疆和内蒙古中西部等地草原遭受严重旱灾。其中，在新疆北部草原，受春夏降水持续偏少的影响，新疆天山一带和北疆草原遭受大面积旱灾，受灾草原面积1 800多万公顷，约占该区域草原面积的65%，牧草产量总体下降30%～50%。据气象部门监测，5—6月新疆北部气温偏高，降水较常年同期偏少3成以上，部分地区偏少8成以上。其中伊犁河谷地区5、6月降水量为近20年来降水最少的一年。监测显示：与上年同期相比，除阿勒泰山区等小部分地区外，伊犁哈萨克自治州、博州、昌吉州等北疆地区大部分天然草原产草量下降50%左右，最高达到80%。塔城地区主要放牧场产草量下降20%～30%，平原荒漠区下降60%；阿勒泰平原草场牧草产量下降80%，河谷打草场产草量下降到近20年来最低值。由于春秋场无草可牧，许多牧民不得不提前10天或半个月将牲畜转到海拔较高的夏牧场放牧，导致夏牧场放牧压力陡然增加，部分区域出现超载过牧的现象。

在内蒙古中西部草原，受2014年夏季持续高温少雨的影响，内蒙古中西部草原发生大面积旱灾，草原受灾面积达2 000万公顷，灾区牧草产量总体下降30%，草原旱灾导致人畜饮水困难，大量牲畜死亡。从区域上看，西部区域受灾草原主要位于阿拉善盟大部、鄂尔多斯市西部、包头市北部，牧草产量总体下降20%左右。中部区域受灾草原主要位于乌兰察布市北部、锡林郭勒盟西部。中东部区域受灾草原主要位于赤峰市、通辽市。草原旱灾对当地的畜牧业生产造成了比较大的影响，灾区地下水位下降明显。至7月底，受灾地区已有近万头只牲畜因灾死亡，部分牧户不得不通过转场方式抵御灾害，减少损失。

【天然草原毒害草危害】

为贯彻落实《国务院关于促进牧区又好又快发展的若干意见》（国发〔2011〕17号）关于“落实草原动态监测和资源调查制度”的要求，全国畜牧总站于2011年开始对全国268个牧区半牧区县的天然草原毒害草危害情况开展监测工作。

2011—2015年，在全国268个牧区半牧区县共建立数据采集样点1 281个，通过抽样数据、统计资料对天然草原毒害草危害情况进行监测。全国牧区天然草原毒害草年均危害面积327万公顷，主要危害种类为狼毒、有毒棘豆、有毒黄芪、橐吾、马先蒿、乌头、醉马草。

其中，狼毒主要分布在青海、四川、西藏、内蒙古、甘肃、新疆、河北、黑龙江、吉林、辽宁、宁夏等省（自治区）；有毒棘豆主要分布在青海、四川、新疆、甘肃、宁夏、内蒙古等省（自治区）；有毒黄芪主要分布在西藏、甘肃、内蒙古、新疆等省（自治区）；橐吾主要分布在四川、新疆、甘肃和青海等省（自治区）；马先蒿主要分布在四川和新疆等省（自治区）；乌头主要分布在新疆和四川等省（自治区）；醉马草主要分布在青海、内蒙古、甘肃、宁夏、新疆等省（自治区）。

【牧草病害】

2011年，《国务院关于促进牧区又好又快发展的若干意见》（国发〔2011〕17

号）发布，明确提出“在实行草原生态保护补助奖励机制的8个省（自治区），实施人工种植牧草良种补贴”。2012年中央1号文件决定启动实施“振兴奶业苜蓿发展行动”。通过政策引导，主要牧区人工种草面积稳步提升。为保障饲草提质增量，2011年，全国畜牧总站开始对全国268个牧区半牧区县的人工草地牧草病害危害情况开展监测工作。

2011—2015年，在全国牧区半牧区县共建立数据采集样点497个，通过抽样数据、统计资料和人工草地生产情况对牧草病害危害情况进行监测。全国牧区人工草地牧草病害年均危害面积120万公顷，主要危害种类为锈病、白粉病、褐斑病和霜霉病等。其中，锈病主要发生在内蒙古、辽宁、吉林、四川、甘肃、新疆等省（自治区）；白粉病主要发生在河北、内蒙古、辽宁、吉林、四川、甘肃、新疆等省（自治区）；褐斑病、霜霉病等主要发生在内蒙古、四川、甘肃、宁夏、新疆等省（自治区）。

专栏六

群英聚会　共论草原生态文明

——2015中国草原论坛在锡林浩特市召开

2015年8月26—27日，由农业部草原监理中心和中国草学会共同举办的“2015中国草原论坛”在内蒙古自治区锡林浩特市召开。农业部副部长于康震出席并讲话，他指出，“十二五”以来，在党中央、国务院的正确领导下，草原工作紧紧围绕“三牧”和“三生”大局，明确基本方针，健全政策体系，完善法治框架，落实制度措施。五年来，草原生态环境加快恢复，草原畜牧业发展方式加快转变，牧民收入稳定增长，牧区生态、牧业生产和牧民生活发生可喜变化，全国草原牧区呈现欣欣向荣的景象。于康震强调，“十三五”是建设生态文明、建成小康社会的关键五年，也是攻坚的五年。要按照中央关于生态文明建设的战略决策部署，突出抓好稳定和完善草原补奖政策、继续实施草原生态修复工程、扎实推进草牧业发展、积极稳妥推进草原承包确权、继续强化依法治草等重点工作。本届论坛以“加强草原保护　建设生态文明”为主题。来自全国26个省（自治区、直辖市）的260余名草原行政管理、科研教学、技术推广和生产经营方面的领导、专家学者和企业界代表等参加了论坛，并围绕草原文化、草场管理制度创新、草业人才建设、草原生产力挖掘、政策创设、草原资产负债表、互联网+草业等进行了交流。代表们立足当前、谋划长远，就相关领域的话题各抒己见，贡献智慧。论坛气氛热烈，交流活跃，取得了丰硕的成果。

七、草原科技教育

【牧草营养与饲喂】

2011—2015年，国家对牧草营养与饲喂技术的研发和示范推广高度重视。在科技部“十二五”科技支撑计划课题有关牧草和奶牛生产关键技术研究与示范项目中，对优质牧草在奶牛和其他畜禽生产中的应用技术进行了较多的研发、示范和应用。在国家牧草产业技术体系草产品加工利用研究中，科研人员对优质牧草在我国主要畜禽中的配方技术进行了大量研究，形成了完整的动物利用牧草的技术体系。此外，2012—2015年农业部和财政部实施了“振兴奶业苜蓿发展行动”；2014年，国家8部委启动了新一轮退耕还林还草工程；2015年，中央1号文件提出调整农业种植业结构、发展我国苜蓿和青贮玉米产业，并在10省区实施“粮改饲”试点工作。

国家政策、科技推广项目资金的支持成为优质牧草在生产中得到大量示范应用的强有力助推剂。2015年，国产苜蓿的优质率达到70%以上，80%的中高产奶牛吃上了苜蓿。“十二五”期间，国家在牧草营养与饲喂技术方面的项目技术研发、政策和资金支持取得显著成效。畜禽苜蓿型饲粮的研发和应用，提高了我国牛奶产量和品质，改善了育肥动物肉质和母畜的繁殖性能及健康水平，对我国优质畜牧业和节粮畜牧业的发展奠定了坚实的技术基础。

【放牧管理】

当前，我国草原生态保护与草原经济矛盾日益突出，研究如何在确保生态安全的前提下，合理放牧利用草原成为解决我国牧区发展一大难题。因此，国家在“十二五”期间先后启动了公益性行业科研专项“不同区域草地承载力与家畜配置”和“牧区家庭牧场资源优化配置技术模式研究与示范”，国家自然基金重点项目“放牧与草地生态系统多功能性研究”以及其他相关科研项目，研究成果为我国草原畜牧业可持续发展、放牧合理利用提供了技术支撑。

2011—2015年，有关草原放牧管理方面着重从以下几个方面开展研究：一是在区域尺度上，确定了我国不同草原类型适宜载畜率，研制了适合我国不同区域的草地草畜营养平衡技术，建立了不同区域家畜周年草畜平衡模式，构建了适合我国不同区域草原放牧与可持续利用技术集成，通过效益测算畜草比价模型提出了不同草原类型区家畜配置方向。二是在家庭牧场尺度上，结合小尺度的遥感影像对不同牧区进行了草地利用单元划分，利用地理信息系统及实地调查，建立了家庭牧场草地、家畜、水源、劳力和资金等的信息数据库，构建了家庭牧场的信息化管理系统平台，优化了经营管理模式，实现草地植被恢复和家畜生产高效以及牧民收入增加的共赢。三是在放牧管理机理研究方面，通过控制放牧试验，比较研究了不同放牧方式对草地生态系统结构与功能的作用规律及内在机制，探讨了放牧与草地生态系统功能关系。

上述研究工作的开展为国家“生态补奖政策”“退牧还草”等重大生态工程的实施提供了技术支撑，推动和促进了我国现代草原畜牧业产业结构转型升级，为我国草原的适应性放牧管理提供可靠的科学基础。

【人工草地建设】

2011—2015 年，我国牧草迎来了一个新的快速发展阶段，从种植技术、规模化程度到加工能力均有了显著提高。首先，随着国家牧草产业技术体系各相关岗位研究的深入开展，在 22 个综合试验站的示范带动下，有效提升了牧草的产业化水平。2012 年，农业部和财政部实施的“振兴奶业苜蓿发展行动”，每年安排 5.2 亿元资金，在 14 个奶牛主要养殖省区和苜蓿主产省区建设 50 万亩高产优质苜蓿示范基地。片区建设以 3 000 亩为一个单元，一次性补贴 180 万元，通过专家包片全程技术跟踪指导，解决种植生产中的关键技术和面临的问题，大大提高了苜蓿生产技术水平和苜蓿生产的标准化程度，苜蓿单产和苜蓿质量得到了明显提高，同时产生了重要的示范带动作用。截至 2014 年年底，全国现已建成 10 万公顷高产优质苜蓿示范基地。此外，国家草原补奖政策的实施对推动牧区种草技术水平也起到积极的促进作用，有效改善了牧区冷季补饲状况。各省区实施的“育草基金”“草牧业”示范项目等对全面提升牧草种植技术水平，加快草畜有效结合及现代草牧业的发展发挥了积极的影响。

【草产品生产加工】

2011—2015 年，针对进口草产品对国产草产品的冲击日益加深，国产草产品加工业急需提质增效的现实问题，科技部、农业部和牧草主产省区均加大了对牧草加工领域的科技投入。据不完全统计，农业部除了通过资助现代农业牧草产业技术体系相关岗位科学家和综合试验站持续开展牧草加工技术研究外，还启动了诸如“牧区饲草饲料资源开发利用研究与示范”“饲草青贮工艺技术及配套设施装备的研究与示范”等 4 项以牧草加工利用技术和装备研发为核心的公益性行业（农业）专项项目，着力提升了我国牧草加工技术水平。科技部启动了以区域性优势牧草资源高效利用和精深加工为目标的“草业及草原可持续发展关键技术研究与集成示范”科技支撑项目，分设 5 个课题；同时，还资助了“苜蓿干草在不同时空条件下贮藏机制的研究”等 8 项相关国家自然科学基金项目。西藏自治区启动“饲草产业重大科技专项”，开展了地区饲草高效利用等 4 个项目研究。上述项目总经费约 1.82 亿元。在区域性优势牧草加工利用、规模化人工草地提质增效、高附加值草产品生产、优质草产品标准化生产和质量检测方面取得了阶段性进展，为今后充分开发利用丰富的牧草资源，实现我国草产业质的飞跃提供坚实的科技保障。

【草原科研教学体系和条件建设】

“十二五”是我国草原科学技术和教育事业的一个跨越式发展时期。长期以来，草原学科一直作为畜牧兽医学科的一个二级学科，经过草学界同仁的积极努力，以及相关学科专家学者的鼎力相助，2011年正式晋升为国家一级学科——草学学科，这是草学界具有“划时代”和“里程碑”意义的一件大事；中国草学会主持申报了“中国草业科技奖”，于2010年获国家奖励办公室正式批准为“社会力量奖”，成为草学界唯一的专属奖项，已连续开展两届评审，得到业界的高度认可和较好的社会反响，大多数部门已认可为省部级奖励；国家非常重视草原科研，投资力度翻了一倍多，2012年和2013年科技部连续两年启动3项“973”重大基础研究项目，其他如“863”、科技支撑、行业科技、牧草产业体系、区域综合治理等项目的投入力度也大幅增长。此外，在草业科技能力条件建设、平台建设、科技人才培养方面都取得了长足发展。

“十二五”时期，特别是党的“十八大”以来，党和政府已将生态文明列入“五位一体”的发展战略，草原科教事业遇到千载难逢的发展机遇，学科教育体系日臻完善，科学研究日新月异，草业已真正成为朝阳产业，特别是在草品种选育培育、牧草种植与加工、放牧管理、牧草营养与饲喂、草原科技奖项、草原科研教学体系和条件建设等方面均取得了重要进展。

在科研教学方面，有31所农林院校、研究所或综合性大学设置了草业科学本科专业，有38所大学或科研院所招收草业科学专业硕士研究生，有20所大学或科研院所招收草业科学专业博士研究生，有6所大学设置了草业科学博士后流动站，有4所高校（兰州大学、甘肃农业大学、南京农业大学、新疆农业大学）设有独立的关于草业研究的学院。从事草业相关研究的教授约200名，副教授约203名，教学和科学研究工作条件良好，全国约有110个专门用于草业科学研究的实验室，试验基地约108个。截至2015年年底，已毕业本科生约23 300名，硕士生约4 200名，博士约600名；在读本科生约3 000名，硕士生约1 100名，博士生约400名。

据不完全统计，全国草业专业人才约4万人，草业从业人员15万～20万人，主要分布在科学院、农科院、大中专学校、草业企业、各级草原管理部门、科技推广以及相关涉草行业。草业科学现有2位中国工程院院士，“973”项目首席科学家3人，杰出青年1人，优秀青年1人，长江学者特聘教授1人，“天山学者计划”6人，“泰山学者”1人，全国现有涉草专业正高、副高职称1 200人，拥有1个草地农业生态系统国家重点实验室、6个草地生态系统国家野外站、2个农业部草地重点开放实验室、5个农业部牧草与草坪草种子质量监督检验测试中心、2个教育部工程研究中心和多个省级草业工程技术研究中心等科技平台，同时还拥有30多个各类野外观测站和示范基地。

草业科学是一门新兴交叉性学科，随着国家的迫切需求，开设草原科学专业的高校由原来局限于西北地区的7个，猛增到42个并分布于全国各地，我国草业科学取得了巨大进步。从全国范围来看，兰州大学在草原科学研究方面实力雄厚，影响较大，在2013—2014年中国大学本科教育分专业排行榜中，兰州大学的草业科学排名第一。

兰州大学草地农业科技学院获得我国草业科学唯一的国家教学成果特等奖和全国优秀博士学位论文，是两支草业科学专业国家教学团队之一，承担草业科学领域六门全国国家级精品课程中的2门，以及省级精品课程3门，国家级特色专业建设点和本科教学质量工程项目2项；在2012年教育部组织的一级学科评审中，“草学”一级学科全国排名第1；同时与澳大利亚、美国和新西兰等10多个国家的科研机构、高校和公司签署了合作办学协议，广泛开展国际科技合作与学术交流；创建我国草业科学唯一的国家“111”草地农业创新引智基地。新西兰梅西大学出资设立了任继周教授奖学金，用于鼓励两国学生、学者的交流。

【草原科技奖项】

2011—2015年，草原科技方面的研究硕果累累。据不完全统计，草原科研教学单位获得省（自治区、直辖市）科学技术奖、技术发明奖、科技进步奖等奖项的项目约20项，获奖单位约50个，获奖人数近150人；获得国家科学技术进步奖1项，其中获奖单位为6个，获奖人数为10人；获教育部科技进步奖1项，获奖单位5个，获奖人数13人；获全国农牧渔业丰收奖7项，获奖人数182人。此外，全国和省级草原技术推广机构获得全国农牧渔业丰收奖、神农中华农业科技奖和各地省级以上奖项累计28项，其中，全国畜牧总站2项，内蒙古2项、辽宁1项、江西2项、山东2项、重庆1项、四川3项、陕西2项、甘肃11项、青海1项、西藏1项。全部奖项中，部级奖项8项，其中，一等奖1项，二等奖5项，三等奖2项；省级奖项20项，其中，一等奖3项、二等奖5项、三等奖12项。从专业内容看，草原资源与生态监测方面的奖项11个，草品种选育、草种与牧草生产技术方面的奖项17个。

随着政府职能的转移，社会力量设奖得到越来越多的重视和认可。2010年，中国草学会申请设立了中国草学会草业科学技术奖，该奖已在科技部和民政部备案成立，是唯一的针对草原科技的社会力量设立奖项，至2015年年底，已成功举办2届。涉及草原科技领域的奖项还有中华农业科技奖、大北农科技奖等近10项。2011—2015年，草原科研教学单位获得社会力量设奖的项目约41项，获奖单位约85个，获奖人数达500人。

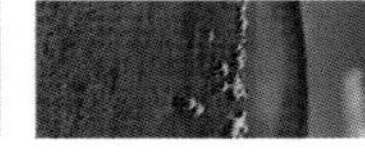

表 1　草原科研教学单位获奖情况

获奖年份	获奖项目名称	奖　项	第一完成单位	第一完成人
2011	基于 MODIS 的中国草原植被遥感监测关键技术研究与应用	北京市科学技术奖二等奖	中国农业科学院农业资源与农业区划研究所	徐斌
2011	甘肃河西退化草原综合治理及其养殖关键技术研究	甘肃省科技进步奖三等奖	甘肃省草原技术推广总站	程文定
2011	基于综合生态管理理论的草原资源保护和可持续利用研究与示范	甘肃省科技进步奖二等奖	世界银行贷款甘肃牧业发展项目管理办公室	李国林
2011	荒漠草原典型盐生植物适应逆境的机理	甘肃省自然科学奖一等奖	兰州大学	王锁民
2011	优质草产品生产加工与高效利用关键技术	内蒙古自治区科技进步奖二等奖	中国农业科学院草原研究所	孙启忠
2011	牧草种质资源的研究与利用	辽宁省科学技术奖获奖三等奖	辽宁省农业科学院耕作栽培研究所	杜桂娟
2011	西藏河谷农区草产业关键技术研究与示范	西藏自治区科学技术奖一等奖	中国科学院地理科学与资源研究所	余成群
2012	草畜界面生物学转化增效技术研究	河北省科技进步奖二等奖	河北省农林科学院农业资源环境研究所	张英俊
2012	甘肃省旱生牧草种质资源整理整合及利用研究	甘肃省科技进步奖二等奖	中国农业科学院兰州畜牧与兽药研究所	杨志强
2012	草原植被及其水热生态条件遥感监测理论方法与应用	北京市科学技术奖三等奖	中国农业科学院农业资源与农业区划研究所	徐斌
2012	甘肃省旱生牧草种质资源整理整合及利用研究	甘肃省科技进步奖二等奖	中国农业科学院兰州畜牧与兽药研究所	杨志强
2012	现代草原畜牧业关键装备与设施研发与应用	内蒙古自治区科技进步奖二等奖	中国农业机械化科学研究院呼和浩特分院	杨世昆
2013	草原虫害生物防控综合配套技术推广应用	全国农牧渔业丰收奖农业技术推广成果奖一等奖	全国畜牧总站	何新天
2013	内蒙古草原生态本底监测及业务化应用	全国农牧渔业丰收奖农业技术推广成果奖二等奖	内蒙古草原勘察规划院	刘爱军
2013	草原资源与生态监测研究	全国农牧渔业丰收奖农业技术推广成果奖二等奖	甘肃省草原技术推广总站	韩天虎
2013	国审豆科牧草品种山毛豆的配套技术开发及推广应用	全国农牧渔业丰收奖农业技术推广成果奖三等奖	广西壮族自治区畜牧研究所	赖志强
2013	牧区人工草地建设数字化管理技术推广与应用	全国农牧渔业丰收奖农业技术推广成果奖三等奖	内蒙古草原工作站	高文渊

（续）

获奖年份	获奖项目名称	奖　项	第一完成单位	第一完成人
2013	优质饲草生产及加工利用技术推广	全国农牧渔业丰收奖农业技术推广成果奖三等奖	重庆市畜牧技术推广总站	李发玉
2013	青藏高原燕麦新品种培育及产业化生产技术集成	全国农牧渔业丰收奖农业技术推广合作奖	青海省畜牧兽医科学院	周青平
2013	呼伦贝尔生态草业技术模式研究及应用	中华农业科技奖二等奖	农业部环境保护科研监测所	杨殿林
2013	藏北那曲地区草地退化遥感监测与生态功能区划	西藏自治区科技进步奖三等奖	中国农业科学院农业环境与可持续发展研究所	高清竹
2013	生态与经济双赢的家庭牧场新型管理模式研究与示范	内蒙古自治区科学技术进步奖二等奖	内蒙古农业大学	韩国栋
2013	苜蓿、无芒雀麦高产优质栽培的生理生态基础及其调控技术	内蒙古自治区科学技术进步奖三等奖	内蒙古民族大学	张永亮
2013	天然草地牧草青贮增效技术应用与推广	内蒙古自治区科学技术进步奖三等奖	内蒙古农业大学	贾玉山
2013	西藏主要农作物秸秆与栽培牧草混合青贮关键技术研究	西藏自治区科学技术奖一等奖	南京农业大学	邵涛
2013	藏北高寒牧区草地生态保护和植被恢复重建技术研究	西藏自治区科学技术奖一等奖	西藏大学农牧学院	杨富裕
2013	天然牧草青贮技术应用与推广	中国草学会草业科技奖一等奖	内蒙古农业大学	贾玉山
2013	偃麦草属植物种质资源收集保存、抗旱耐盐基因挖掘及新品种选育	中国草学会草业科技奖一等奖	北京市农林科学院	孟林
2013	西南区牧草种质资源发掘、品种选育及应用	中国草学会草业科技奖二等奖	四川农业大学	张新全
2013	中国苜蓿秋眠性分类、评价及其应用体系研究	中国草学会草业科技奖二等奖	北京林业大学	卢欣石
2013	氮磷肥对红三叶中异黄酮含量的影响机理及配套技术研究与示范	中国草学会草业科技奖二等奖	甘肃农业大学	杜文华
2013	牧草改良盐碱地及高效利用综合配套技术	中国草学会草业科技奖二等奖	中国农业科学院草原研究所	孙启忠
2013	耐阴豆科牧草筛选及果园套种应用示范	中国草学会草业科技奖二等奖	广西壮族自治区畜牧研究所	赖志强
2013	内蒙古草原普查及监测关键技术研究与业务化应用	中国草学会草业科技奖二等奖	内蒙古自治区草原勘察规划院	刘永志

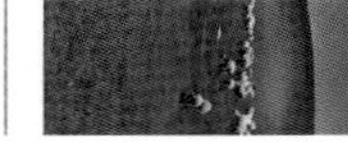

（续）

获奖年份	获奖项目名称	奖　项	第一完成单位	第一完成人
2013	长江下游农区多花黑麦草高产栽培及利用技术的基础研究	中国草学会草业科技奖二等奖	江苏省农业科学院	丁成龙
2013	黄淮海地区优质牧草新品种选育及应用	中国草学会草业科技奖三等奖	山东省农业可持续发展研究所	盛亦兵
2013	优质高产热引 19 号坚尼草选育及推广利用	中国草学会草业科技奖三等奖	中国热带农业科学院热带作物品种资源研究所	刘国道
2013	苜蓿雄性不育系选育与杂种优势分析	中国草学会草业科技奖三等奖	内蒙古农业大学	石凤翎
2013	南方运动场草坪建植、管理及质量评价综合技术	中国草学会草业科技奖三等奖	华南农业大学	张巨明
2013	苜蓿、无芒雀麦高产优质栽培的生理生态基础及其调控技术	中国草学会草业科技奖三等奖	内蒙古民族大学	张永亮
2013	皖草 3 号高粱-苏丹草杂交种的选育与推广	中国草学会草业科技奖三等奖	安徽科技学院	詹秋文
2013	绢蒿荒漠草地退化演替及恢复机理	中国草学会草业科技奖三等奖	新疆农业大学	靳瑰丽
2013	富含 a-亚麻酸牧草品种筛选及草食动物利用技术	中国草学会草业科技奖三等奖	福建省农业科学院农业生态研究所	黄勤楼
2013	种草养畜与推广青贮饲草技术	中国草学会草业科技奖三等奖	东北农业大学	崔国文
2013	草原火灾风险评价技术及应用	中国草学会草业科技奖三等奖	东北师范大学	张继权
2013	坝上地区草地植物的生物多样性研究	中国草学会草业科技奖三等奖	河北北方学院	郭郁频
2014	青藏高原青稞与牧草害虫绿色防控技术研发与应用	国家科学技术进步奖二等奖	西藏自治区农牧科学院	王保海
2014	北方草原合理利用技术体系创建与应用	教育部科技进步奖一等奖	中国农业大学	张英俊
2014	奶牛优质饲草高效栽培与质量评价关键技术	河北省科技进步奖三等奖	河北农业大学	李运起
2014	狗牙根种质资源评价、新品种选育与利用	四川省科技进步奖三等奖	四川农业大学	刘伟
2015	藏北高寒草地生态系统变化分析与退化草地综合治理技术	西藏自治区科学技术奖一等奖	中国科学院地理科学与资源研究所	沈振西
2015	退化草原恢复及适应性利用关键技术研究与示范	中华农业科技奖二等奖	中国农业大学	张英俊
2015	草地机械化破土切根复壮促生技术及机具研发应用	中华农业科技奖二等奖	中国农业大学	王德成

（续）

获奖年份	获奖项目名称	奖　项	第一完成单位	第一完成人
2015	草原蝗虫可持续防控技术研究与示范	中华农业科技奖二等奖	中国农业科学院植物保护研究所	张泽华
2015	青藏高原东部牧草种质资源收集评价、新品种选育及产业化示范	中华农业科技奖二等奖	四川省草原科学研究院	白史且
2015	羊草种质资源系统性研究与利用	大北农科技奖二等奖	中国科学院植物研究所	刘公社
2015	小型牧草收获机械研发及综合应用技术示范	甘肃省科技进步奖三等奖	陇东学院	郭维俊
2015	耐寒、高产、优质农菁 8 号紫花苜蓿选育与推广	黑龙江省科学技术奖三等奖	黑龙江省农业科学院草业研究所	唐凤兰
2015	中国典型半荒漠与荒漠区啮齿动物研究	中国草学会草业科技奖一等奖	内蒙古农业大学	武晓东
2015	羊草基因资源的分子生物学研究与利用	中国草学会草业科技奖一等奖	中国科学院植物研究所	刘公社
2015	空间诱变柱花草新品种推广及利用	中国草学会草业科技奖二等奖	中国热带农业科学院作物品种资源研究所	白昌军
2015	优质饲草栽培与加工关键技术	中国草学会草业科技奖二等奖	中国农业科学院草原研究所	孙启忠
2015	东北寒区优质牧草新品种选育及配套生产技术研究	中国草学会草业科技奖二等奖	黑龙江省畜牧研究所	李红
2015	低维护乡土草坪草新品种选育与应用技术研究	中国草学会草业科技奖二等奖	北京草业与环境研究发展中心	武菊英
2015	我国牧草产业发展政策研究	中国草学会草业科技奖二等奖	中国农业科学院农业经济与发展研究所	王明利
2015	苜蓿高产栽培与高效利用技术研究与示范	中国草学会草业科技奖二等奖	山东省畜牧兽医局	翟桂玉
2015	苜蓿高效促生菌筛选、特性研究及其促生防病复合接种剂（菌肥）研制	中国草学会草业科技奖二等奖	甘肃农业大学	姚拓
2015	耐荫草坪草种的筛选及其在绿化中的应用	中国草学会草业科技奖三等奖	江苏农林职业技术学院	李祖祥
2015	牧区家庭牧场优化模式的研究与应用	中国草学会草业科技奖三等奖	甘肃省草原技术推广总	李贵霖
2015	南方丘陵区多花黑麦草和饲用甜高粱丰产及高效利用关键技术	中国草学会草业科技奖三等奖	福建省农业科学院畜牧兽医研究所	董晓宁
2015	沿淮低洼地农牧结合增效关键技术研究与应用	中国草学会草业科技奖三等奖	安徽农业大学	董召荣
2015	饲用甜高粱品种引进与试验示范推广	中国草学会草业科技奖三等奖	定西安定区饲草饲料站	刘彦江
2015	高寒草地产酶真菌筛选及其对油菜秸秆降解活性的研究	中国草学会草业科技奖三等奖	青海大学	芦光新
2015	畜牧业对鄱阳湖草地群落及生态环境的影响	中国草学会草业科技奖三等奖	江西农业大学	欧阳克蕙

【标准规范】

2011—2015 年，草原领域共制订、发布了国家标准 9 项，行业标准 31 项，数量略超上一个五年。其中，国家标准有《麻黄属种子质量分级》《籽粒苋种子质量分级》《沙地草场牧草补播技术规程》《天然割草地轮刈技术规程》《驼绒藜属植物栽培技术规程》《岩溶地区草地石漠化遥感监测技术规程》《风沙源区草原沙化遥感监测技术导则》《草品种命名规则》《草品种审定技术规程》。此外，行业标准有《饲草产品抽样技术规程》《草块》《牧草种质资源田间评价技术规程》《草种质资源保存技术规程》《农作物优异种质资源评价规范　豆科牧草》《植物新品种特异性、一致性和稳定性测试指南　披碱草属》《饲草青贮技术规程　紫花苜蓿》《紫花苜蓿种植技术规程》等。标准内容涵盖了草业生产技术、草产品检测、牧草保种和草原监测等方面，其中，草产品生产加工类 16 项、草产品检测类 4 项、牧草保种类 16 项，草原监测类 4 项。

专栏七

依法保护草原　推进生态文明建设

——2015 全国草原监理工作会议在锡林浩特市召开

2015 年 8 月 25 日，全国草原监理工作会议在内蒙古锡林浩特市召开。农业部畜牧业司司长、草原监理中心主任马有祥在作会议主题报告时强调，各级草原监理机构要深入学习贯彻全国现代畜牧业建设工作会议和全国农业生态环境保护与治理工作会议精神，牢牢把握国家加快推进生态文明建设的重大战略机遇期，锐意进取，扎实工作，努力推动草原监理工作再上新台阶。马有祥指出，建设现代畜牧业和推进农业生态环境保护与治理，都需要草原，都离不开草原。要凝聚全行业智慧，做好草原这篇大文章，切实保护好、建设好每一寸草原。马有祥系统总结了“十二五”期间草原监理工作取得的成绩和经验，分析了当前面临的新形势和新挑战。马有祥要求，各级草原监理机构要按照韩长赋部长在全国现代畜牧业建设工作会议讲话精神和要求，紧紧围绕生态文明建设总布局和草原工作重点任务，坚持“生产生态有机结合、生态优先”的基本方针，以改善草原生态环境为目标，履职尽责，开拓创新，乘势而上，扎实工作，为建设草原生态文明和促进草原牧区又好又快发展做出积极贡献。会上，内蒙古、四川、甘肃、青海、新疆等省（自治区）的同志分别就建立草原行政执法与刑事司法衔接机制、草原防火、草原监测、草原征占用管理以及草原管护员队伍建设等主题作了典型发言。来自全国 25 个省（自治区、直辖市）和新疆生产建设兵团的草原监理机构，以及四川、甘肃、新疆 3 省（自治区）草原工作站的负责同志参加了会议。

八、草原技术推广

【体系建设】

根据《草原法》规定，草原面积较大省区的县级以上地方人民政府草原行政主管部门均设立了草原技术推广机构，全国各地草业技术推广机构主要在国家、省、地、县四级。乡镇单独设置的草业技术推广机构很少，大多与畜牧兽医乡镇机构合署办公。各级草原技术推广机构通常名称为草原工作站、草原站、草原总站、饲草饲料站、草山饲料工作站、牧草工作站等。全国最早成立、具有草业技术推广职能的机构是青海省海北州畜牧兽医草原工作站，1956 年成立（1995 年草原工作站独立设置）。根据行业统计资料，2015 年，具有草业技术推广职能的省级机构已有 36 个，地级、县级草业技术推广机构分别有 176 个和 1 072 个；在编干部职工人数 10 361 人，其中，具有高级技术职称 1 442 人，占总人数的 13.9%；具有大学以上学历 3 983 人，占 38.5%。

各级草原技术推广机构承担着本行政区内草原保护与建设技术推广、技术指导工作，具体包括：参与起草草原保护与建设的法律、法规和规章；提出草业发展重大技术进步措施建议；承担草原和草业统计监测工作；组织实施草业、草原保护建设利用技术示范与推广工作；编制草原保护建设利用技术推广规划与年度计划，并组织实施；组织实施天然草原保护、草地改良、人工草地建设、饲草料生产加工、草种基地建设及草种生产等工程项目；组织实施草原鼠害、病虫害和毒害草的监测与防治工作；拟定防治规划和年度计划，并组织实施；组织、指导与实施牧草种质资源的调查、保护与管理工作；拟定牧草种质资源保护规划和计划，并组织实施；承担草品种审定工作；组织、指导、协调草品种的区域试验；承担草种生产经营许可证审核的评审工作；承担草品种质量监督检验管理工作；参与草原方面的标准和技术规范的制修订工作；草原技术咨询服务、信息交流，为农牧民提供技术培训以及政府授权的其他草业管理职能。

【飞播牧草】

2011—2015 年，各省区草原主管部门认真贯彻落实中央关于实施飞播牧草、提高草地生产能力、促进畜牧业生产发展的一系列方针政策，加大了草地畜牧业建设的投资力度，使飞播种草工作进入了新的发展阶段，经济、社会和生态效益显著。

（一）基本情况

2011—2015 年，飞播种草在 12 个省区 35 个市（旗县）的 70 多个乡镇实施。中央财政共下达的飞播种草任务 108 万亩，实际完成飞播种草面积 110.37 万亩，完成计划的 102.2%；播种第一年成苗率

71.83%，播种第二年成苗率85.8%。共投入飞播种草经费7 598.2万元，其中，中央财政下拨飞播种草补助资金4 585万元，省级配套资金190万元，地级配套资金39.6万元，县级配套资金623.8万元，群众自筹资金2 159.8万元。

（二）主要成效

1. 经济效益日益显著

据测定，飞播种草1～3年后的平均产草量是播前的3.3倍。全国飞播草地每年干草生产能力平均达到334.5千克/亩。每年生产近345.8万吨的优质干草，按每千克干草0.5元计算，每年项目区的农民可直接增加17.3亿元人民币的经济收入。

2. 生态效益稳步增加

飞播种草能够尽快地恢复沙区退化草地和盐碱地草原植被覆盖度，减少水土流失。据统计，全国飞播草地植被覆盖度由播前的40.5%提高到73.4%；平均泥土冲刷量减少62.1%，洪水径流减少55.6%。

3. 社会效益不断提升

飞播牧草有效地改善了农牧民生产、生活条件。如内蒙古飞播种草每年可以增加养畜110多万个羊单位。有效地改善了项目区的农牧民生产、生活条件。飞播种草的实施促进了草地畜牧业的可持续发展。飞播还有利于社会稳定，进一步明确草原权属和管护利用责任，有效地缓解了草畜矛盾，减少了草场纠纷，提高了示范区畜牧业抗灾救灾能力，同时促进了其他产业的发展，使播区的产业结构向多元化的方向调整。

【草种生产】

我国牧草种子主要用于饲草生产和生态保护与建设。近年来，各地开始逐年淘汰产量低的老旧品种的种子田，特别是草原补奖政策实施后，牧区省份对生产多年、达不到标准的种子田从统计中予以剔除，并加强了对牧草新品种的种子田建设，提高了单位面积产量。

2015年，全国牧草种子田总面积8.84万公顷。其中，多年生牧草种子田6.13万公顷，一年生牧草种子田2.71万公顷。种子田中紫花苜蓿3.31万公顷、披碱草1.07万公顷、燕麦0.87万公顷、羊草0.4万公顷，占全国面积的64%。2015年，全国牧草种子生产量90 285吨。其中，种子田生产种子72 251吨，天然采种量18 034吨。牧草种子生产量较高的省区主要有甘肃、青海、内蒙古、四川等，分别为42 711吨、17 251吨、15 932吨、6 432吨，占全国的91%。

2015年，268个牧区半牧区县生产种子62 451吨。其中，种子田生产牧草种子47 268吨，天然采种田生产种子15 183吨。108个牧区县生产种子23 453吨，其中，种子田生产牧草种子19 695吨，天然采种田生产种子3 758吨。160个半牧区县生产种子38 998吨，其中，种子田生产牧草种子27 573吨，天然采种田生产种子11 425吨。

【主导品种和主推技术】

2011—2015年，牧草种植中的主导品种是：中苜6号紫花苜蓿、甘农6号紫花苜蓿、中苜 4 号紫花苜蓿、威斯顿紫花苜蓿、WL525HQ 紫花苜蓿、达伯瑞多花黑麦草、阿德纳多花黑麦草、凯力多年生黑麦草、同德无芒披碱草、阿坝垂穗披碱草、中科 1 号羊草等。

主推技术包括：紫花苜蓿综合生产技术、南方主要牧草高产技术、草原虫害微生物防治技术等。以上详细技术信息见《2015 年农业主导品种和主推技术》。

专栏八

全国畜牧（草原）站长工作会议聚焦草牧业发展

2015 年 7 月 8—9 日，全国畜牧（草原）站长工作会议在安徽省蚌埠市召开。会议以“加快发展草牧业”为主题，传达贯彻全国现代畜牧业建设工作会议精神，研究讨论新形势下发展草牧业的任务和措施，总结交流畜牧业技术推广工作情况。农业部副部长于康震出席会议并讲话。会议指出，畜牧业要在建设农业现代化进程中率先实现现代化，草牧业是短板。加快发展草牧业对调整种植业结构、优化畜牧业结构、实现农牧结合和促进农业可持续发展具有重要意义，是贯彻落实中央部署、促进农业可持续发展、建设生态文明和全面建成小康社会的迫切需要。会议强调，在下一步工作中要抓住调结构、转方式的大好机遇，不断改革创新，突破薄弱环节，加大政策扶持，推动草牧业发展取得重大进展，为畜牧业现代化建设奠定坚实基础。会议要求，各级畜牧草原技术推广部门要在思想认识上有新提高，在发展理念上有新突破，在服务功能上有新拓展，在推广方式上有新招数，要以推进畜牧业良种化、规模化、机械化、产业化和生态化为抓手，着力抓好体系建设，做好技术支撑，强化服务保障，积极推进草牧业发展，为畜牧业率先实现现代化做出更大贡献。

九、草业发展

【人工草地建设】

近年来，全国牧草种植生产整体呈现稳中有升的态势。2015 年，全国保留种草面积 2 308.6 万公顷，较 2010 年增加 8.1%。其中，人工种草1 307.8万公顷，改良种草 938.8 万公顷，较 2010 年分别增加 10.7%、9.8%；飞播种草 61.8 万公顷，较 2010 年减少 37%。当年新增人工种草 622 万公顷，较 2010 年增加 1%（图 9）。其中，一年生牧草 497 万公顷，较 2010 年增加 9.4%；多年生牧草 124.9 万公顷，较 2010 年减少 12.1%。

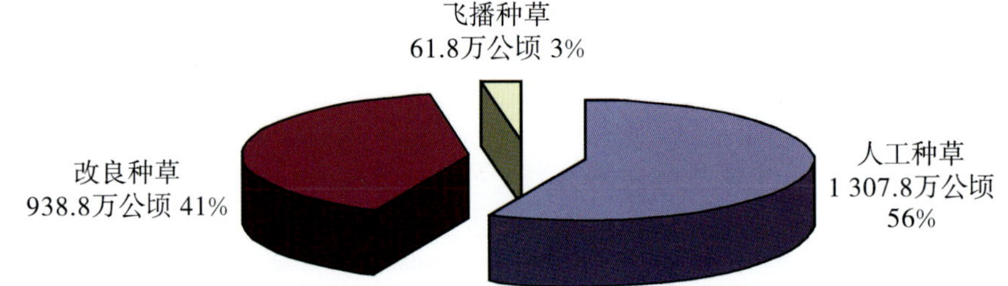

图 9　2015 年全国保留种草面积及其占比

内蒙古、甘肃、四川、新疆和青海等省区为主要牧草种植省区，年末保留种草面积分别为 489.2 万公顷、309.2 万公顷、255.6 万公顷、197.5 万公顷和 156.4 万公顷，占全国种草总面积的 61%。

268 个牧区半牧区县保留种草面积 1 341.1万公顷。其中，人工种草 558.3 万公顷，改良种草 731.3 万公顷，飞播种草 51.6 万公顷。108 个牧区县保留种草面积 614.3 万公顷，其中，人工种草 208.3 万公顷，改良种草 375.1 万公顷，飞播种草 31 万公顷；160 个半牧区县保留种草面积 726.8 万公顷，其中，人工种草 350 万公顷，改良种草 356.2 万公顷，飞播种草 20.6 万公顷。

【商品草生产】

2015 年全国商品草生产面积为 186.7 万公顷，较 2010 年减少 11.2%。内蒙古、黑龙江、甘肃、吉林等省区为主要商品草种植省区，生产面积分别为 73.9 万公顷、47.3 万公顷、21.5 万公顷、21.5 万公顷，占全国的 88%。商品草主要种类为羊草、紫花苜蓿，生产面积分布为 128 万公顷、43.2 万公顷，占全国的 91.7%。268 个牧区半牧区县商品草生产面积为 144.8 万公顷，占全国的 77.5%。主要种类为羊草和紫花苜蓿，生产面积分别为 122.2 万公顷、15.7 万公顷。

【草产品生产加工】

2015 年，据不完全统计，草产品加工企业达到 525 家，生产量 472.67 万吨，分别同比增加 40%、72.54%，较 2010 年增加 152.4%、92.3%。主要集中在甘肃、内蒙古、黑龙江、青海等省区，生产量分别为 128.18 万吨、65.14 万吨、101.91 万吨、30.49 万吨，分别占全国的 27.12%、13.78%、21.56%、6.45%。全国牧区半牧区草产品加工企业有 182 家，生产草产品 197.76 万吨，占全国的 41.84%。主要分布在内蒙古、甘肃、黑龙江、青海和吉林等省区，生产量分别占牧区半牧区总产量的 27.16%、23.96%、32.96%、2.46%和 4.3%。我国生产的草产品主要是草捆、草块、草颗粒、草粉和其他草产品，产量分别为 223.37 万吨、45.45 万吨、57.69 万吨、32.16 万吨和 113.99 万吨，分别占草产品生产总量的 47.26%、9.62%、12.21%、6.8% 和 24.12%。草产品的牧草种类中，第一是紫花苜蓿，产品产量为 241.69 万吨，其产品形式是草捆、草块、草颗粒、草粉和其他草产品，分别为 132.19 万吨、27.61 万吨、39.79 万吨、22.68 万吨和 19.43 万吨，分别占苜蓿产品总产量的 54.69%、11.42%、16.46%、9.38% 和 8.04%。第二是以青贮专用玉米为原料的草产品，生产量为 75.43 万吨，主要产品形式是其他草产品、草捆和草粉，生产量分别为 47.53 万吨、24.2 万吨和 1.5 万吨，分别占青贮专用玉米产品总量的 63.01%、32.08%和 1.99%。羊草是第三大草产品生产种类，生产量为 28.57 万吨；形式是草捆、草块、草颗粒和草粉，生产量分别为 15.47 万吨、5 万吨、5 万吨和 3.1 万吨，分别占羊草总产量的 54.15%、17.5%、17.5%和 10.85%。

【草种（草产品）质量检测】

（一）草种检测法律法规进一步完善

《中华人民共和国种子法》于 2015 年 11 月 4 日第十二届全国人民代表大会常务委员会第十七次会议修订，进一步强化了种子监督管理，更加明确了法律责任，对种子质量检验做了修正。其中第四十八条规定：农业、林业主管部门可以委托种子质量检验机构对种子质量进行检验。承担种子质量检验的机构应当具备相应的检测条件、能力，并经省级以上人民政府有关主管部门考核合格。种子质量检验机构应当配备种子检验员。种子检验员应当具有中专以上有关专业学历，具备相应的种子检验技术能力和水平。第四十九条规定：禁止生产经营假、劣种子。农业、林业主管部门和有关部门依法打击生产经营假、劣种子的违法行为，保护农民合法权益，维护公平竞争的市场秩序。下列种子为假种子：①以非种子冒充种子或者以此种品种种子冒充其他品种种子的；②种子种类、品种与标签标注的内容不符或者没有标签的。下列种子为劣种子：①质量低于国家规定标准的；②质量低于标签标注指标的；③带有国家规定的检疫性有害生物的。

《草种管理办法》是 2006 年 1 月 12

日农业部令第 56 号公布的，于 2013 年 12 月 31 日农业部令 2013 年第 5 号、2014 年 4 月 25 日农业部令第 3 号、2015 年 4 月 29 日农业部令 2015 年第 1 号修订。其中第三十八条规定：草原行政主管部门可以委托草种质量检验机构对草种质量进行检验。承担草种质量检验的机构应当具备相应的检测条件和能力，并经省级人民政府有关主管部门考核合格。第三十九条规定：草种质量检验机构的草种检验员应当符合下列条件：（一）具有相关专业大专以上文化水平或具有中级以上技术职称；（二）从事草种检验技术工作 3 年以上；（三）经省级人民政府草原行政主管部门考核合格。

（二）全国草产品检测体系积极开展工作

2011 年，农业部全国草业产品质量监督检验测试中心会同农业部牧草与草坪草种子质量监督检验测试中心（呼和浩特）、农业部牧草与草坪草种子监督检验测试中心（北京）和江西省牧草种子监督检测中心开展了草种和草产品质量监督抽查工作，抽查了北京、内蒙古、江西、河南、重庆、贵州、甘肃省 7 省（自治区、直辖市）的草种和草产品主要生产经营单位，共抽样 299 个，是上年度抽检样品量的 2.9 倍。与往年相比，质检机构首次联合开展检测工作，突出对进口草种质量抽检，对加强草种量监管，进一步扩大抽检范围、增加抽检数量做好技术储备还积累了经验。

2012 年，草种检测体系作用进一步发挥。农业部全国草业产品质量监督检验测试中心等 8 个省部级中心，围绕国家草原生态补助奖励机制政策，重点对牧草良种补贴项目用种质量联合开展专项抽查，对四川、云南、西藏、甘肃、青海、宁夏、新疆 7 省（自治区）的草种进行了抽查，共抽样样品 129 个，推动了全国草业产品质检体系的整体工作。

2011—2015 年，各部级、省级草种检测中心（站）为做好草种检测工作，每年定期举办草种抽检技术培训班，发放草种质量监督抽查工作手册等，不断规范检测行为，统一执行标准，提高草种检测体系整体检测能力，保障检测工作质量。共培训省级和部级草种检测人员 300 多人次，发放工作手册等 1 500 多份。

实验室比对试验是判断、衡量、提高草种检测中心（站）监测能力的一个重要方式。2011—2015 年，连续开展草种检测体系实验室之间的比对试验。按照自愿参加的原则，年度参加比对试验的检测中心（站）最多达到 18 个，比对项目包括净度、发芽、其他植物种子数和水分等 4 项常用指标。通过比对试验，有效地提高了草种检测体系的整体技术水平。

（三）草种质量监督抽查启动

草种质量监督抽查是草种质量安全管理的重要技术手段。近年来，随着草原生态保护建设和草原畜牧业的发展，草种的需求量日益增加，草种监管力度逐渐加大。2015 年，草种质量安全监管项目纳入农产品质量安全监管范畴，成为农产品质量安全监管项目的子项目。2011—2015

年，国家累计投入资金 490 万元，完成对北京、河北、山西、内蒙古、辽宁、吉林、黑龙江、江苏、安徽、江西、山东、河南、广西、四川、贵州、重庆、云南、西藏、陕西、甘肃、青海、宁夏、新疆 23 个草种生产和销售重点省（自治区、直辖市）的监督抽查工作，共抽检草种样品 2 297 个，涉及紫花苜蓿、沙打旺、黑麦草、羊草、披碱草等 50 多种草种，688 家企事业单位。

连续 5 年的监督抽查结果表明：全国草种质量整体水平偏低，但比前 5 年有所提高。影响草种质量的主要原因是其他植物种子数超标以及发芽率偏低；国产草种生产加工技术水平比较低；草种包装和标签不规范，甚至无标签。

（四）开展苜蓿草产品质量检测

苜蓿草产业的形成，带动了草产品质量检测。全国建成了 8 个隶属部级或省级的能够承担草产品监督检测的中心（站），分别为：农业部全国草业产品质量监督检验测试中心、新疆牧草种子质量监督检验站、青海省牧草种子质量监测检验中心、农业部牧草与草坪草种子质量监督检验测试中心（兰州）、内蒙古饲料草种监督检验站、山东草种质量检验中心、辽宁省牧草种子检验中心。

为了解苜蓿草产品总体质量，规范草产品抽样和检测工作，2011 年，在内蒙古、甘肃、河南等地抽取苜蓿草样品 68 个，进行草产品质量检测，开启了全国性的草产品质量检测工作。

为提高苜蓿草产品质量，提升我国苜蓿产业效益，推进苜蓿草产业化进程，中国畜牧业协会草业分会组织 2013 年苜蓿草产品评优工作，农业部全国草业产品质量监督检验测试中心负责苜蓿草产品抽样和检测，5 月份开始，对甘肃、宁夏、陕西、内蒙古、河北、天津、山东、河南、辽宁等 10 省区 40 家生产基地（种植面积均在 3 000 亩以上）抽取并检测 40 个样品，依据苜蓿草质量标准判定分级，评选出优质苜蓿草生产企业。这是首次开展的全国性苜蓿草评优检测，国产优质苜蓿草开始生产，检测样品中粗蛋白高于 18％的苜蓿草占 44.5％，粗蛋白含量大于 16％的苜蓿草占 42.5％。

（五）草品种真实性 DNA 鉴定

草种及草品种的真假直接关系到草业生产安全、农民增收和农村社会稳定。随着《玉米品种鉴定技术规程 SSR 标记法》（NY/T1432—2014）、《高粱品种鉴定技术规程 SSR 标记法》（NY/T2467—2014）等标准的推广实施，植物分子标记技术已引入草种及草品种的快速鉴定中。农业部草业产品质量监督检验测试中心、农业部牧草及草坪草种子质量监督检验测试中心（北京）和农业部牧草及草坪草种子质量监督检验测试中心（兰州）等单位在饲用玉米、饲用高粱、苏丹草、紫花苜蓿、黑麦草属、结缕草等草种中开展了草品种真实性 DNA 或其他分子鉴定检测。其中，农业部草业产品质量监督检验测试中心制定的农业行业标准《苏丹草品种真实性检测技术规程　SSR 标记法》已经通过了专家审定，两项发明专利《检测或辅助检测高丹草国审品种方法》（专利号：ZL.2013 1 0089660.7）和《苏丹草品种真实性检测方法及专用引物》（专利号：ZL.2014 1 0215787.3）已获得国家知识产权局颁发的发明专利证书。自2013年国家草品种审定委员会在草品种区域试验品种“三性”测试指南中也逐步开展了苏丹草、紫花苜蓿、黑麦草属、结缕草等草品种的DNA辅助鉴定指南编写工作。DNA鉴定法正在逐步应用到草种及草品种真实性鉴定中。

【草产品进口】

（一）干草进口情况

2011—2015年，我国牧草干草进口量呈现快速增长趋势（图10）。2011年，全国进口干草累计28.8万吨。2015年，全国进口干草累计136.5万吨，较2010年增加4倍多。其中，进口的干草中一直以苜蓿干草为主。2011年，全国进口苜蓿草总计27.6万吨，占干草进口总量的95.6%。2015年，全国进口苜蓿草总计121.3万吨，占干草进口总量的88.9%，较2010年增加3倍多。苜蓿干草主要从美国进口，燕麦干草主要从澳大利亚进口。

在价格方面，2011年苜蓿干草平均价格为361.26美元/吨，同比上涨33.42%；2012年，苜蓿干草平均进口价格达到最高393.42美元/吨，2013年降至371.36美元/吨，2014—2015年稍有上涨。值得关注的是，苜蓿干草平均价格在2012年达到最高，而2013年以后，虽然我国苜蓿干草进口量持续不断的上涨，但进口平均价格并没有继续大幅上涨，可能有以下几个原因：首先国内青贮技术逐渐成熟，中国南方的一些大型奶牛场用青贮苜蓿来代替进口苜蓿干草，从而减少了进口苜蓿干草；其次是国内商品苜蓿干草质量在最近两年不断提高，奶牛养殖场采用国产苜蓿干草代替国外苜蓿干草；第三是世界市场上苜蓿干草的供给量不断增多，在国内阶段性需求稳定的前提下，使得中国进口苜蓿价格稍有下降。2014—2015年价格稍微有所上涨，可能由于“转基因”事件导致国际市场上苜蓿出口交易成本增加，也导致国际市场上对非转基因苜蓿的强劲需求。

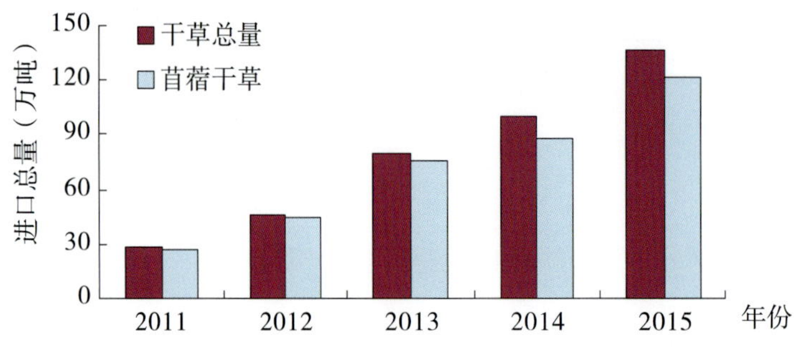

图10　2011—2015年我国苜蓿干草进口情况

此外，近年来随着国内牧场对燕麦草饲喂优越性的逐步重视和认可，国内燕麦草市场需求快速增加，进口量同步大幅上涨。据海关信息网统计数据显示，我国燕麦草进口量由2008年的0.15万吨增加到2015年的15.15万吨，2015年为2008年的98倍。尤其是2013年以来，我国燕麦草进口量居于历史较高水平。

（二）草种进口情况

2011—2015年，我国草种进口量呈现快速增长趋势（图11）。2015年，我国进口草种4.55万吨，较2010年增加34.1%。进口草种主要以黑麦草、羊茅、草地早熟禾、三叶草和紫花苜蓿为主，2015年上述5类草种的进口量分别占总进口量的比例为：黑麦草54%、羊茅24%、草地早熟禾11%、三叶草6%和紫花苜蓿5%。

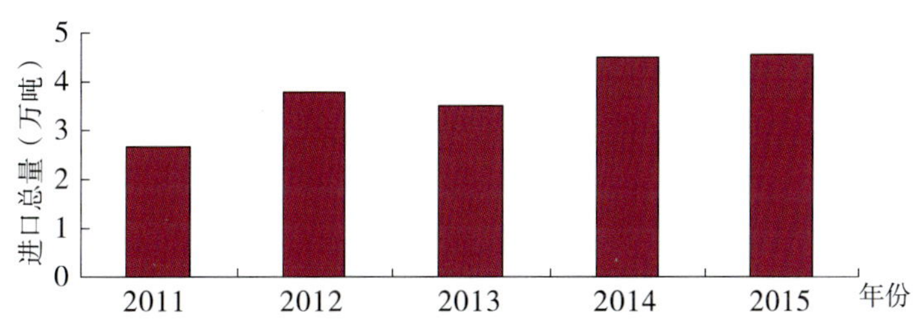

图11 2011—2015年我国草种进口总量变化情况

在价格方面，2011—2015年，我国草种进口价格整体呈上升趋势。其中，草地早熟禾、三叶草及紫苜蓿种子的进口价格处于较高的水平，其价格分别由2010年的2.84美元/千克、3.01美元/千克、2.83美元/千克上涨至2015年的4.07美元/千克、4.99美元/千克、5.46美元/千克，分别上涨了43.15%、66.10%、92.71%。黑麦草种子和羊茅子价格处于较低水平，其价格分别由2010年的0.86美元/千克、0.95美元/千克上涨至2015年的1.37美元/千克、2.01美元/千克，分别上涨了59.85%和112.32%。我国进口的草种主要来源于美国、丹麦及加拿大等国家。以2015年为例，黑麦草种子62%来自美国，24%来自丹麦，8%来自加拿大，其余的6%来自新西兰等国；羊茅种子97%来自美国，2%来自丹麦，1%来自加拿大；草地早熟禾种子77%来美国，23%来自丹麦；三叶草种子27.39%来自阿根廷，26.43%来自丹麦，14.41%来自澳大利亚，11.85%来自加拿大，10.32%来自新西兰，9.59%来自美国；紫花苜蓿种子77%来自加拿大，16%来自美国，4%来自澳大利亚，其余的3%来自法国等国家。

【草牧业】

（一）明确草牧业的概念

2014年10月，汪洋副总理听取农业部关于草原保护建设与草原畜牧业发展的专题汇报，总结凝练提出“草牧业”一词，并明确了今后一个时期草牧业的发展思路和重点。2015 年中央 1 号文件明确要求“加快发展草牧业”。在 2015 年全国现代畜牧业建设工作会议上，韩长赋部长对突出抓好草牧业发展作出了全面部署。

草牧业是一个综合性概念，核心是强调草畜并重、草牧结合，推进一、二、三产业融合。其内涵包括三个层次：第一层次是草原保护及草产业发展，这是立足点；第二层次是草食畜牧业发展，这是着力点；第三层次是融合一、二、三产业的草畜生产及其加工和服务业的完整产业链，这是落脚点。草牧业这三个层次的特征，突出体现了协调统筹、促进融合的特点，有助于树立大农业、大食物观念，构建大产业链、解决草畜脱节问题。

（二）开展草牧业发展试验试点

一是制订《2015 年草牧业发展试验试点工作方案》，明确试验试点的目的、总体思路及原则、主要内容与区域布局，以及试点组织方式等。二是印发《2015 年草牧业发展试验试点区名单》，在农区、牧区、垦区、现代农业示范区和农村改革试验区，选择 36 个县级单位和 1 个地级市，主要围绕种养结合、草食畜牧业适度规模养殖、草牧业发展金融扶持支持、草原承包经营制度完善、草产业发展等方面，开展现代草牧业发展试验示范。三是积极协调财政部，组织河北等 12 个实施草原补奖政策的省区和黑龙江农垦总局，在 2015 年草原补奖政策绩效考核奖励资金中安排 10 亿元资金用于草牧业试验试点。四是多次赴有关省区调研，了解和掌握各地草牧业试验试点工作情况，并在总结各地经验做法的基础上，多层次、多维度分析草牧业发展面临的机遇和挑战，研究提出了加快草牧业发展的经营模式和政策措施，形成了《加快草牧业发展支持政策研究报告》。

（三）主要成效

“十二五”期间，牧区依托优质饲草资源，大力发展生态和绿色畜牧业，加快转变畜牧业生产方式，改良牲畜品种，优化畜群结构，推广舍饲圈养，加快周转出栏，草原畜牧业生产能力明显提高。2015 年，牧区牛存栏 2 886.5 万头，羊存栏 12 100.2万只，分别占全国的 26.68%、38.91%，较 2010 年分别增长 0.4%、57.7%。牛出栏 1 159.6 万头，羊出栏 9 080.1万只，分别占全国的 23.18%、30.81%，较 2010 年分别增长 7.04%、14.72%。牛肉、羊肉、奶类和毛绒产量分别达到 128.5 万吨、148.9 万吨、732.2 万吨和 22.6 万吨，分别占全国的 18.4%、33.8%、19.5%和 48.37%，较 2010 年分别增长 13.6%、9.22%、0.67%和 46.71%。农牧民人均纯收入达到 8 518 元，较 2010 年增加 4 023 元，增幅为 89.5%，初步实现了“禁牧不禁养、减畜不减肉、减畜不减收”的政策目标。

草原工作大事记

■ 2011年

1月5日，农业部联合财政部印发《关于做好建立草原生态保护补助奖励机制前期工作的通知》，要求有关省（自治区）加快工作进度，于2011年3月31日前完成各项前期工作。

2月1日，农业部以农报〔2011〕2号文向国务院报送《农业部关于落实草原生态保护补助奖励政策有关情况的报告》。

2月12日，农业部发布《2010年全国草原监测报告》。

3月4日，农业部印发《关于划定草原火险区的通知》。

3月，国务院学位委员会、教育部印发《学位授予和人才培养学科目录（2011）》，草业科学正式升级为草学一级学科。

3月15日，国务院召开全国森林草原防火工作电视电话会议，中共中央政治局委员、国务院副总理回良玉出席会议并作重要讲话。农业部党组成员、副部长，农业部草原防火指挥部总指挥高鸿宾出席会议。

3月21—23日，农业部畜牧业司和财政部农业司联合召开草原生态保护补助奖励机制座谈会及信息管理培训班。

3月25日，农业部畜牧业司组织开展2011年草种和草产品质量监督抽查工作。

3月31日，农业部印发《关于切实做好2011年草原火灾防控工作的通知》。

4月6日，国务院第150次常务会议审议通过了《国务院关于促进牧区又好又快发展的意见》。

4月6日，国务院第150次常务会议审议通过了《全国中小河流治理和病险水库除险加固、山洪地质灾害防御和综合治理总体规划》。

4月27日，农业部草原监理中心举办《草原生态保护》科教片首映式暨座谈会。农业部党组成员、副部长高鸿宾出席会议并作重要讲话。该影片获第20届中国金鸡百花电影节最佳科教片的提名。

4月29日，农业部印发《关于切实做好2011年草原鼠虫害防治工作的通知》。

5月5日，财政部和农业部在京召开

草原生态保护补助奖励机制政策实施动员布置会，财政部部长谢旭人、农业部部长韩长赋出席会议并讲话。

5月12—13日，农业部草原防火指挥部办公室在吉林省松原市举行2011年全国草原防扑火演练暨全国草原防火办主任会议。

5月19日，农业部下达2011年甘草和麻黄草等草原野生植物采集计划。

6月1日，为进一步做好防控工作，农业部下发通知，部署2011年西藏飞蝗防治工作。

6月1日，《国务院关于促进牧区又好又快发展的若干意见》发布。

6月4—6日，第四届中国苜蓿大会在内蒙古鄂尔多斯举办。

6月13日，农业部、财政部印发《2011年草原生态保护补助奖励机制政策实施指导意见》，指导各省切实做好政策贯彻落实工作。

6月17日，为切实推进草原承包工作，农业部印发了《推进草原承包工作方案》。

6月20日，农业部组织开展全国草原资源调查统计工作，进一步摸清家底，为实施草原生态保护补助奖励机制和草原生态工程项目奠定基础。

6月25日至7月10日，农业部派出4个工作组，对内蒙古、新疆等14个省（自治区）的草原鼠虫害防治工作开展情况进行了联合检查。

6月27日，农业部下发通知，要求各省区抓紧完成2011年牧草良种补贴实施方案的编制工作，及时报批。

7月7日，为加强草品种审定管理工作，农业部印发了《草品种审定管理规定》，为科学、公正、及时地审定草品种提供了依据。

7月9—10日，2011库布其国际沙漠论坛在内蒙古举办。

7月14—15日，全国草原鼠虫害专业化防治现场观摩会在内蒙古呼伦贝尔召开。

7月21日，农业部畜牧业司组织专家对《草原保护建设利用“十二五”工程规划》的科学性和可行性进行论证。

8月11—12日，全国牧区工作会议在内蒙古呼伦贝尔市召开。

8月17日，农业部草原监理中心与共青团中央农村青年工作部在西藏阿里地区联合举办“保护母亲河——青年万亩示范草场”建设活动。

8月22日，国家发展改革委员会、农业部、财政部联合印发完善退牧还草政策的意见的通知。

8月24日，农业部草原监理中心在内蒙古呼和浩特市组织召开全国草原监理工作会议。

9月1日，印发《农业部草原防火指挥部关于加强2011年秋冬季草原防火工作的通知》（农草防指〔2011〕2号），要求各地区、各有关部门切实加强草原防火工作，确保秋冬季草原防火安全。

9月2日，农业部发布《全国畜牧业发展第十二个五年规划（2011—2015年）》。

9月2日，国家发展改革委员会、农业部印发关于下达2011年退牧还草工程建设任务的通知，要求各省按照任务要求做好 2011 年退牧还草各项工作。

9 月 5 日，农业部畜牧业司紧急召开河北等 5 省草原处长会议，研究部署建立草原生态保护补助奖励机制前期工作事宜。

9 月 20 日，农业部印发《关于加强草原防火信息化建设的意见》，切实推进草原防火信息化建设工作。

9 月 26 日，中国草学会第 8 次全国委员会代表大会暨学术交流会在京召开。

10 月 26—27 日，农业部草原监理中心和中国草学会共同主办的“2011 中国草原可持续发展论坛”在云南省昆明市举办。

11 月 21 日，随着草原牧区陆续进入寒冷季节，寒潮冰雪灾害呈多发趋势，农业部下发紧急通知，要求有关省区切实做好草原牧区畜牧业防灾抗灾工作。

11 月 23 日，农业部印发《关于在退牧还草工程区建立草原监测点的通知》，决定在退牧还草工程区优先推进草原固定监测点建设工作。

■ 2012 年

2 月 6 日，农业部党组成员、驻部纪检组组长、朱保成同志听取草原政策落实情况专题汇报。

2 月 10 日，农业部召开部常务会议，审议并原则通过《草原畜牧业寒潮冰雪灾害应急预案》。

2 月 13—14 日，农业部畜牧业司组织召开黑龙江等 5 省建立草原生态保护补助奖励机制研讨会，指导 5 省做好补奖政策实施前期工作和方案编制。

2 月 17 日，农业部发布《草原畜牧业寒潮冰雪灾害应急预案》。

2 月 21—22 日，农业部畜牧业司组织召开全国草原处长工作会，总结交流 2011 年各地学习贯彻国务院 17 号文件、实施草原生态保护补奖政策以及其他草原保护建设工作开展情况，安排并启动 2012 年全国草原保护建设重点工作。

2 月 23 日，农业部发布《2012 年全国草原监测报告》。

2 月 27 日，农业部畜牧业司印发《关于切实加强边境草原防火隔离带建设项目管理工作的函》，要求相关省区严格遵照《边境草原森林防火隔离带补助费管理规定》，加强资金使用管理，强化项目建设管理。

2 月 29 日，《农民日报》全文刊登《2011 年全国草原违法案件统计分析报告》。

3 月 12 日，农业部印发《关于切实做好 2012 年草原火灾防控工作的通知》（农牧发〔2012〕3 号）。

4 月 7—22 日，内蒙古锡林郭勒盟和呼伦贝尔市连续发生草原火灾 9 起，其中东乌旗“4·7”特大草原火灾为 1994 年以来我国受害草原面积最大、经济损失最重的一起。火灾发生后，按照韩长赋部长的安排部署，农业部草原防火指挥部立即启动应急预案，紧急印发《农业部草原防火指挥部关于切实加强当前草原防火工作的紧急通知》，第一时间派出督导组赶赴火灾现场督导草原防火工作，向国务院值班室报送《农业部值班信息》共 8 期。

4月9日，农民日报全文刊载《2012年全国草原监测报告》。

4月16日，国务院召开全国森林草原防火工作电视电话会议，回良玉副总理出席会议并作了重要讲话。农业部草原防火指挥部总指挥高鸿宾副部长在会上通报了2011年草原防火工作情况，并提出了2012年工作安排意见。

4月16日，农业部下达2012年甘草和麻黄草等草原野生植物采集计划。

4月19日，农业部印发《农业部关于对“4·7”特大草原火灾扑救工作表现突出单位进行表扬的通报》（农草防指〔2012〕1号）。

4月25—28日，高鸿宾副部长带队赴河北省张家口市所属张北、蔚县和怀来三县，实地检查当地森林草原春季防火工作及森林草原消防队伍建设情况，对进一步加强森林草原防火工作提出了要求。

4月26日，农业部和财政部联合印发《关于进一步推进草原生态保护补助奖励机制落实工作的通知》，进一步推进草原补奖政策相关工作，确保政策落实到位。

5月10日，农业部印发《关于切实做好2012年草原鼠虫害防治工作的通知》。

5月12—17日，部党组成员、驻部纪检组组长朱保成赴云南省开展草原补奖政策落实情况督导检查。

6月18日，中国草学会在北京召开“6·18全国草原保护日”倡议座谈会，倡议将每年的6月18日确定为“草原保护日”。

6月26日，农业部印发《2011年内蒙古等省区天然草原退牧还草工程实施方案审核意见的通知》，对相关省区实施方案进行批复。

6月26—28日，高鸿宾副部长带队赴青海省，对该省落实草原生态保护补助奖励政策进展情况进行督导检查。

6月28日，农业部草原监理中心与共青团中央农村青年工作部在青海联合举办了“保护母亲河——青年万亩示范草场”宣传实践活动，农业部副部长高鸿宾、团中央书记处书记汪鸿雁、青海省人民政府副省长邓本太出席启动仪式并讲话。

7月7日，第二届中国草业大会在北京召开，农业部高鸿宾副部长出席大会。

7月9—13日，国家首席兽医师于康震同志带队赴宁夏回族自治区吴忠市盐池县和中卫市海原县，督导检查草原生态保护补助奖励政策落实情况。

7月10—13日，农业部高鸿宾副部长带领督导组，对甘肃省草原生态保护补助奖励政策落实情况进行了督导检查。

7月26—27日，农业部畜牧业司和中央纪委监察部驻农业部纪检组监察局联合召开草原补奖政策落实工作座谈会。高鸿宾副部长和朱保成组长出席会议并讲话。

7月30日，农业部印发《关于编制2012年草原生态保护补助奖励政策实施方案的通知》，要求河北等5省尽快编制2012年草原生态保护补助奖励政策实施方案，报省级人民政府审核批准后实施，并抄报财政部和农业部备案。

9 月 3 日，农业部印发《农业部关于加强 2012 年秋冬季草原防火工作的通知》（农草防指〔2012〕3 号），对草原防火工作进行全面部署。

9 月 9—14 日，国家首席兽医师于康震赴新疆塔城地区、伊犁哈萨克自治州和巴音郭楞蒙古自治州进行草原防火督查。

10 月 11 日，农业部畜牧业司和财政部农业司联合印发《关于做好草原生态保护补助奖励资金绩效评价工作的通知》，统一部署绩效考核评价内容和依据。

11 月 1 日，农业部印发《关于加强草原畜牧业寒潮冰雪灾害应急管理工作的紧急通知》，要求各地周密部署防灾抗灾工作，切实落实应急管理责任，有针对性地采取防范措施，加强应急值守，做好各项应急准备。

11 月 2 日，《最高人民法院关于审理破坏草原资源刑事案件应用法律若干问题的解释》发布，并于 11 月 22 日起开始执行。

12 月 3 日，农业部转发《最高人民法院关于审理破坏草原资源刑事案件应用法律若干问题的解释》，要求各地要以《解释》的出台为契机，深入开展《解释》的学习宣传活动。

12 月 4 日，农业部畜牧业司与财政部农业司联合召开 2012 年草原生态保护补助奖励机制政策实施情况总结座谈会。

12 月 11—12 日，内蒙古自治区先后出现 4 次大范围降雪，草原畜牧业生产受到严重影响。国家首席兽医师于康震带队深入内蒙古慰问牧户，了解畜牧业受灾和牧民生产生活情况。

■ 2013 年

2 月 26 日，农业部畜牧业司委托农业部全国草业产品质量监督检验测试中心牵头，在 15 个省区组织开展 2013 年草种质量监督抽查工作。

2 月 28 日至 3 月 1 日，2013 年全国草原处长工作研讨会在内蒙古召开，总结交流 2012 年草原保护建设工作，研究贯彻落实全国农业工作会议和全国畜牧兽医工作会议的具体措施，安排部署 2013 年全国草原保护建设重点工作。

3 月 1 日，农业部下发关于切实做好 2013 年草原火灾防控工作的通知，要求各级草原防火主管部门进一步加大工作力度，切实做好 2013 年草原防火工作。

3 月 14 日，《2012 年全国草原监测报告》发布。

4 月 12 日，农业部下发通知，要求各地通过加强组织领导，强化监测预警，推进专业化防治，大力推广生物防治技术等，切实做好草原鼠虫害防治工作。

4 月 12 日，农业部下达 2013 年甘草和麻黄草等草原野生植物采集计划。

5 月 27—29 日，农业部在京组织召开全国草原工作会议暨草原监理工作会议，高鸿宾副部长、于康震首席兽医师、财政部农业司卢贵敏巡视员出席会议并讲话。

5 月 24 日，为进一步加强麻黄草管理，严厉打击非法买卖麻黄草等违法犯罪活动，公安部发布《关于进一步加强麻黄草管理严厉打击非法买卖麻黄草等违法犯罪活动的通知》（公通字〔2013〕16 号）。

5 月 27 日，农业部和财政部联合下发《关于做好 2013 年草原生态保护补助奖励机制政策实施工作的通知》，要求相关省区充分认识政策实施的重要意义，切实加强政策实施的组织管理，认真做好政策实施的有关工作。

6 月 8 日，国家发展改革委员会和农业部联合下达 2013 年退牧还草工程建设任务。

6 月 28 日至 7 月 4 日，高鸿宾副部长带队赴新疆伊犁哈萨克自治州、博州和塔城地区对草原生态补奖政策落实情况进行督导检查。

7 月 9—14 日，于康震副部长带队赴西藏督导检查草原生态保护补助奖励机制政策落实情况。

8 月 1—3 日，2013 库布其国际沙漠论坛在内蒙古库布其七星湖召开，农业部作为论坛的主办单位，由畜牧业司王智才司长带队参加。

8 月 1—4 日，于康震副部长带队赴青海省门源县、共和县、湟中县开展补奖政策落实情况督导检查。

8 月 20 日，农业部畜牧业司在内蒙古鄂尔多斯市组织召开退牧还草工程实施十周年经验交流会。

8 月 23—26 日，第五届中国苜蓿发展大会在内蒙古赤峰市阿鲁科尔沁旗召开。大会召开期间，举行了洪绂曾先生纪念展。洪绂曾先生是我国农业战线杰出的领导干部，著名农业科学家，农业部原副部长，九三学社第九、十、十一届中央委员会副主席。他一生致力于国家现代农业振兴、草学和草业发展，倡导和弘扬“小草大事业”的科学理念。

8 月 28 日，根据农业部人事变动情况和工作需要，农业部对农业部草原防火指挥部组成单位和人员进行调整，由于康震副部长担任总指挥。

9 月 17 日，农业部畜牧业司、财务司及财政部农业司联合组织开展 2012 年草原生态保护补助奖励机制政策绩效考核评价。

10 月 25—27 日，农业部组织开展了 2014 年农业综合开发项目牧草种子繁育基地建设项目评审。

11 月 1 日，《2011 中国草原发展报告》发布。

11 月 7 日，2013 年中国草原论坛在重庆召开。

11 月 8 日，国务院印发《国务院关于取消和下放一批行政审批项目的决定》（国发〔2013〕44 号），下放一批包括草种检验员资格认定等行政审批事项。

11 月 9—13 日，农业部畜牧业司会同中农办赴内蒙古通辽市开展草原承包调研。

11 月 19 日，草原生态保护补助奖励机制政策效益评价研讨会在京召开。

11 月 21 日，农业部下发关于加强草原畜牧业寒潮冰雪灾害应对工作的通知。

11 月 25—27 日，农业部畜牧业司会同中农办赴云南省开展草原承包调研。

11 月 29—30 日，农业部畜牧业司在京组织召开草原生态补奖绩效考核结果通报和工作推进会。

12 月 17 日，第八届全国“人民满意的公务员”和“人民满意的公务员集体”

表彰大会在京召开，畜牧业司草原处获得“人民满意公务员集体”荣誉称号。

■ 2014年

1月20日，农业部通报7起已移送司法机关处理的破坏草原资源犯罪典型案件，并通过中央和部属媒体向社会公开，以充分发挥典型案件的警示教育作用，进一步增强草原执法的威慑力，为保护草原生态环境、建设生态文明营造良好舆论氛围。

1月26—28日，中共中央总书记、国家主席、中央军委主席习近平赴内蒙古调研看望慰问各族干部群众。习近平在内蒙古自治区党委书记王君、自治区人民政府主席巴特尔陪同下，来到兴安盟、锡林郭勒盟、呼和浩特市等地，深入林场、牧场、企业、牧户、社区调研考察，给各族干部群众送去党中央的关心和关怀。

2月19日，农业部发布《2013年全国草原监测报告》。

3月21日，国务院在山东省济宁市召开全国春季农业生产暨森林草原防火工作会议。李克强总理专门作出批示，对今年的农业生产和召开全国春季农业生产暨森林草原防火工作会议进一步提出要求，中共中央政治局委员、国务院副总理汪洋到会并讲话。

7月10日，农业部授予河北省张家口市农牧局等30个单位“2010—2013年度全国草原防火工作先进单位”荣誉称号，授予景福军等80名同志“2010—2013年度全国草原防火工作先进个人”荣誉称号。

7月18日，第三届中国草业大会在内蒙古呼和浩特召开，农业部副部长于康震出席并讲话。

7月24—26日，国务院副总理汪洋赴青海考察调研牧区发展和扶贫工作。他深入牧区，了解草原生态、农牧生产、游牧民定居等情况，关心慰问贫困农牧民生产生活状况。

8月20—24日，第五届中-日-韩国际草地会议在长春举行。

8月22—25日，农业部部长韩长赋赴青海、甘肃调研草原保护和草食畜牧业发展工作。其间，专程到兰州大学看望我国草业科学的奠基人之一——90岁高龄的中国工程院院士任继周，向他询问草地农业发展的意见和建议。

8月23日，由农业部和青海省草原防火指挥部主办的2014年全国草原防火实战演练在海晏县金银滩草原举行。农业部副部长于康震，青海省副省长严金海出席并讲话。

8月30日至9月3日，农业部于康震副部长，全国政协提案委员会干以胜副主任带队赴新疆维吾尔自治区开展草原补奖政策调研。

10月28日，国务院副总理汪洋主持召开会议，听取农业部汇报牧区草原保护建设和草原畜牧业发展情况。

■ 2015年

1月14日，于康震副部长主持召开会议研究促进草牧业发展有关问题。会议听取了关于落实《研究促进草原畜牧业发展有关问题的会议纪要》（国阅〔2014〕

156号）情况汇报，就有关落实工作进行了研究讨论。

2月4—7日，全国草原处长工作座谈会在江苏南京召开，会议深入学习2015年中央一号文件和《农业部关于扎实做好2015年农业农村经济工作的意见》，总结2014年草原保护建设工作，研究部署2015年工作。

2月12日，农业部印发《农业部关于对10起破坏草原资源犯罪案件的通报》，对新疆、青海、内蒙古和黑龙江四省区查处的10起破坏草原资源犯罪案件的处理情况进行了通报。

2月12日，农业部发布《2014年全国草原监测报告》。

3月13日，农业部畜牧业司会同发展计划司印发《2015年草牧业发展试验试点工作方案》，部署草牧业发展试验试点工作。

3月20日，国务院召开春季全国农业生产暨森林草原防火工作会议，对2015年森林草原防火工做进行统一安排和部署。李克强总理做出“扎实做好森林草原防火和动物疫病防治工作”的重要批示，汪洋副总理出席会议并作重要讲话，韩长赋部长通报2014年草原防火工作情况，并提出2015年工作安排。

3月21日，农业部印发《关于切实做好2015年草原火灾防控工作的通知》。

3月23—26日，农业部组织赴主要草原牧区省份，开展草原补奖政策落实调研检查，了解政策落实情况，研究分析面临的主要困难和问题，提出下一周期稳定和完善政策的对策建议。于康震副部长带队赴四川省进行了调研检查和春季草原防火督查。

3月30日，农业部印发《关于开展草原确权承包登记试点的通知》，安排部署有关省（自治区、直辖市）开展草原确权承包登记试点工作，推进草原承包经营制度稳定完善。

4月17日，农业部印发通知，要求各地加强组织领导，强化监测预警，做好保障协调，推进绿色防控，注重科技示范，扎实做好草原鼠虫害防治工作。

4月27—29日，受韩长赋部长委托，于康震副部长带领督查组深入内蒙古锡林郭勒盟检查督导草原防火工作，走访慰问为扑救草原火灾英勇牺牲的西乌旗农牧业局局长吉日嘎拉同志的家属。

5月15日，农业部向有关省区征求《基本草原保护条例（征求意见稿）》修改完善意见。

5月18日，农业部下达2015年草原鼠虫害防治任务，要求各地结合实际制订实施方案，尽快组织实施。

7月6日，农业部印发通知，明确了2015年草牧业发展试验试点区名单，要求各地统筹协调现有项目资金，切实做好试验试点工作。

7月8—9日，全国畜牧（草原）站长工作会议在安徽蚌埠召开，于康震副部长出席会议并作重要讲话。

7月10日，农业部印发《关于调整全国草原火险区级别的通知》。

8—10月，农业部赴内蒙古、新疆、甘肃、辽宁等省区开展草原法制建设调研，起草形成了《草原法》修订稿初稿和

《基本草原保护条例》征求意见稿。

8月23日，农业部组织召开草原生态补奖政策评估座谈会，承担政策实施效果第三方评估的6家科研、教学和技术推广单位有关人员介绍了政策实施评估结果。于康震副部长出席会议并作重要讲话。

8月24日，于康震副部长带队赴青海省共和县拉乙亥麻村调研，座谈讨论“十三五”农牧业发展、生态保护和民生改善等，并部署安排智力服务周活动。

8月25—26日，2015年全国草原监理工作会议在内蒙古锡林浩特市成功举办。来自全国25个省（自治区、直辖市）和新疆生产建设兵团的草原监理机构，以及四川、甘肃、新疆3省（自治区）草原工作站的负责同志参加了会议。

8月26—27日，2015中国草原论坛在内蒙古锡林郭勒盟召开。农业部副部长于康震出席论坛并做主旨报告，30名专家学者作大会报告。来自全国27个省（自治区、直辖市）的近300名代表参加了论坛。

9月10—15日，《农民日报》开设“立草兴牧调结构”专栏，连续报道6篇专题文章，系统宣传草牧业在“转方式、调结构”中的重要作用，营造良好发展氛围。

9月15日，农业部下达有关省区2015年飞播种草任务，要求各地按照项目资金管理办法要求，加快组织实施。

9月28日，农业部草原防火指挥部办公室在河北承德市组织全国草原防火实战演练，于康震总指挥通过卫星实时视频传输的方式对火场扑救工作进行指挥。

10月23日，农业部印发通知，成立第七届全国草品种审定委员会。

10月24日，第六届中国苜蓿发展大会暨国际苜蓿大会在安徽省蚌埠市召开。

10月29日，农业部印发《农业部办公厅关于加强草原畜牧业寒潮冰雪灾害防范应对工作的通知》，要求各地密切关注天气变化，落实各项防范措施，提升灾害应急能力，力争把灾害损失降到最低程度。

11月24日，《财政部农业部关于调整完善草原生态保护补助奖励政策的请示》报送国务院，提出了完善政策的有关建议。

12月，农业部联合国家发展改革委赴内蒙古、四川等省区开展完善退牧还草工程政策调研。

12月26日，农业部印发文件，征求有关部门和部内司局对《基本草原保护条例（征求意见稿）》的意见。

附　录

表 1　2011—2015 年全国草原违法案件查处情况

案件类型	发案数量	立案数量	立案率（%）	结案数量	结案率（%）	移送司法机关案件数	提起行政复议或者行政诉讼的案件数	破坏草原面积（公顷）
合计	91 099	87 610	96.2	85 696	97.8	1 690	93	68 386.7
违反禁牧休牧规定案件	71 981	70 946	98.6	70 792	99.8	2		
非法开垦草原案件	9 144	8 213	89.8	7 230	88.0	1 619	74	57 306.7
违反草畜平衡规定案件	4 534	4 246	93.6	3 956	93.2			
非法采集草原野生植物案件	2 318	1 761	76.0	1 617	91.8		14	
非法临时占用草原案件	1 157	1 068	92.3	917	85.9	10		3 953.3
违反草原防火法规案件	838	470	56.1	461	98.1	1		
非法征收征用使用草原案件	491	446	90.8	330	74.0	41	4	7 126.7
买卖或者非法流转草原案件	133	117	88.0	95	81.2	16	1	19 013.3
其他草原案件	503	343	68.2	298	86.9	1		

注：1. 立案率为立案数量占发案数量的百分比；
2. 结案数量包含移送司法机关处理的案件数；
3. 结案率为结案数量占立案数量的百分比；
4. 破坏草原面积不含买卖或者非法流转草原的面积。

表 2　2011—2015 年全国牧草种植情况

（单位：万公顷）

省（自治区、直辖市）	2011 年		2012 年		2013 年		2014 年		2015 年	
	年末保留种草面积	当年新增种草面积	年末保留种草面积	当年新增种草面积	年末保留种草面积	当年新增种草面积	年末保留种草面积	当年新增种草面积	年末保留种草面积	当年新增种草面积
全　国	1951.1	744.0	1981.3	694.5	2086.7	769.4	2200.7	719.0	2308.6	757.1
北　京	1.1	0.8	2.4	2.3	2.0	1.8	0.3	0.3	0.6	0.6
天　津	0.7	0.6	0.7	0.7	0.9	0.8	0.9	0.8	0.4	0.1
河　北	67.8	14.0	60.0	13.3	62.6	14.8	63.6	11.5	63.6	11.9
山　西	46.6	18.5	40.8	16.8	43.5	14.8	40.5	16.3	39.3	21.0
内蒙古	431.2	179.9	440.9	193.1	449.9	192.6	485.7	221.7	489.2	218.6
辽　宁	60.9	35.6	65.2	31.9	72.6	36.7	80.1	36.2	82.4	36.6
吉　林	68.1	41.0	65.1	25.5	66.4	26.3	62.1	25.3	63.8	24.9
黑龙江	137.6	41.2	82.9	36.0	46.2	19.6	52.6	19.1	43.1	13.5
上　海			0.1						0.1	0.0
江　苏	3.9	2.8	3.5	2.6	4.8	4.1	2.6	2.0	3.1	2.4
浙　江	5.1	3.5	5.1	3.5						
安　徽	11.6	7.1	12.2	7.3	11.5	7.1	11.4	8.5	10.0	8.4
福　建	5.5	3.0	5.5	3.0	5.5	3.0	1.3	0.6	1.0	1.0
江　西	23.5	13.5	23.9	14.1	23.3	13.2	22.2	11.5	21.4	13.6
山　东	20.1	11.3	17.8	8.0	16.8	6.9	18.2	8.8	11.3	6.2

（续）

省（自治区、直辖市）	2011年		2012年		2013年		2014年		2015年	
	年末保留种草面积	当年新增种草面积	年末保留种草面积	当年新增种草面积	年末保留种草面积	当年新增种草面积	年末保留种草面积	当年新增种草面积	年末保留种草面积	当年新增种草面积
河　南	23.2	4.6	21.4	4.3	23.6	15.0	14.2	7.4	8.1	5.1
湖　北	21.8	9.4	22.1	8.9	23.9	9.8	22.7	9.8	21.4	7.4
湖　南	19.9	4.3	20.9	3.6	22.4	4.3	23.5	4.5	22.7	4.0
广　东	3.4	2.0	3.1	1.9	4.8	3.7	4.8	3.7	4.4	2.3
广　西	8.2	1.8	8.9	2.4	8.9	2.4	9.5	2.6	10.2	3.4
海　南	1.8	0.0	1.8	0.0	1.8	0.0	1.8	0.0	1.8	0.0
重　庆	8.8	4.2	10.2	4.8	9.5	4.3	9.3	4.6	8.1	3.9
四　川	182.3	108.4	206.5	73.0	218.3	77.9	257.0	84.6	255.6	74.3
贵　州	57.6	16.0	60.3	14.1	62.1	15.9	56.9	9.7	56.8	12.1
云　南	68.5	20.3	82.0	29.5	97.5	31.6	111.0	31.4	127.1	34.4
西　藏	11.3	4.9	17.5	8.0	15.4	6.5	6.3	1.5	102.5	26.8
陕　西	85.3	9.4	82.3	14.6	85.6	13.7	101.3	16.0	99.8	15.5
甘　肃	264.4	62.4	270.7	53.0	282.9	53.7	299.4	66.1	309.2	71.6
青　海	84.5	49.9	101.2	36.0	156.1	82.6	155.6	16.7	156.4	32.7
宁　夏	66.4	25.0	69.6	23.7	73.3	28.2	77.3	18.1	77.8	17.3
新　疆	139.4	39.8	155.0	55.0	171.3	73.1	187.8	76.0	197.5	83.7
新疆兵团	20.6	8.9	21.7	3.7	23.4	5.0	20.5	3.5	19.5	3.7

表 3　2011—2015 年全国草种生产情况

（单位：万公顷、吨）

省（自治区、直辖市）	2011 年		2012 年		2013 年		2014 年		2015 年	
	牧草种子田面积	种子产量	牧草种子田面积	种子产量	牧草种子田面积	种子产量	牧草种子田面积	种子产量	牧草种子田面积	种子产量
全　国	12.77	88 861	11.91	83 975	9.63	81 468	9.51	82 550	8.89	90 285
北　京	0.01	6							0.00	3
河　北	0.27	700	0.25	467	0.25	468	0.26	670	0.15	538
山　西	0.03	104	0.01	26			0.08	250	0.02	128
内蒙古	2.07	10 407	0.73	9 304	0.63	6 605	0.76	7 485	0.69	15 932
辽　宁	0.20	1 577	0.26	1 798	0.33	2 445	0.30	1 890	0.13	1 285
吉　林	0.44	1 024	0.44	941	0.30	582	0.27	558	0.45	748
黑龙江	0.85	753	0.20	88	0.05	47	0.16	529	0.08	332
上　海			0.02	4						
江　苏	0.11	1 404	0.15	1 842	0.15	826	0.17	102	0.00	69
浙　江	0.04	320								
安　徽	0.01	80					0.00	20		
福　建							0.02			
江　西	0.02	511	0.02	355	0.02	346	0.02	181	0.04	355
山　东	0.19	2 895	0.10	999	0.13	615	0.15	1 328	0.09	647

（续）

省（自治区、直辖市）	2011年		2012年		2013年		2014年		2015年	
	牧草种子田面积	种子产量	牧草种子田面积	种子产量	牧草种子田面积	种子产量	牧草种子田面积	种子产量	牧草种子田面积	种子产量
河　南	0.05	1 043	0.48	3 342	0.32	3 256	0.17	410	0.10	365
湖　北	0.07	413	0.06	392	0.04	350	0.05	365	0.04	257
湖　南	0.04	45	0.01	47	0.01	47	0.01	42	0.01	41
广　西					0.04	266				
海　南	0.02	198	0.02	198	0.02	198	0.02	198		
重　庆	0.05	11	0.06	24	0.01	12	0.01	4	0.00	4
四　川	1.29	8 751	2.27	9 707	1.42	8 144	1.06	7 539	1.07	6 432
贵　州	0.01	15	0.01	120	0.03	440	0.03	140	0.04	200
云　南	0.13	64	0.09	1511	0.09	422	0.14	433	0.11	306
西　藏	0.10		0.76	16						
陕　西	0.89	4 998	0.71	2 438	0.52	2 573	0.47	2 532	0.37	2 130
甘　肃	4.18	30 717	3.93	30 127	3.93	39 133	3.61	39 196	3.73	42 711
青　海	1.18	20 502	1.12	18 054	1.19	14 027	1.54	17 645	1.67	17 251
宁　夏	0.10	302	0.04	164	0.03	86	0.08	239	0.03	100
新　疆	0.37	1 717	0.10	1 570			0.04	363	0.03	331
新疆兵团	0.07	305	0.08	442	0.12	582	0.08	432	0.04	122

表 4　2011—2015 年重点监测省（自治区、直辖市）草原产草量

（单位：万吨）

省（自治区、直辖市）	2011 年		2012 年		2013 年		2014 年		2015 年	
	鲜草产量	干草产量	鲜草产量	干草产量	鲜草产量	干草产量	鲜草产量	干草产量	鲜草产量	干草产量
河　北	2 543.1	789.8	2 606.8	809.6	2 658.1	825.5	2 381.2	739.5	2 522.6	783.4
山　西	1 437.4	445.0	1 545.3	478.4	1 551.1	480.2	1 438.0	445.2	1471.4	455.5
内蒙古	17 456.4	5 559.4	20 145.9	6 415.9	20 400.3	6 496.9	18 974.0	6 042.7	18 632.5	5 933.9
辽　宁	1 619.1	489.2	1 702.5	514.4	1 707.5	515.9	1 517.6	458.5	1 591.4	480.8
吉　林	2 149.0	626.5	2 181.7	636.0	2 183.4	636.5	2 128.5	620.5	2 205.7	643.0
黑龙江	3 458.0	968.6	3 503.6	981.4	3 454.8	967.7	3 431.0	961.0	3 446.7	965.4
安　徽	437.2	136.2	420.9	131.1	422.9	131.7	428.0	133.3	448.0	139.5
江　西	1 891.6	583.8	1 925.2	594.2	1 889.2	583.1	1 939.8	598.7	1 955.9	603.7
山　东	710.6	212.1	688.9	205.6	697.7	208.2	643.0	191.9	669.0	199.7
河　南	2 438.5	759.6	2 605.3	811.6	2 567.4	799.8	2 343.3	730.0	2 567.9	800.0
湖　北	2 967.3	921.5	3 050.4	947.3	3 043.1	945.0	2 977.5	924.6	2 984.8	926.9
湖　南	2 727.5	849.7	2 611.4	813.5	2 583.6	804.8	2 667.0	830.8	2 673.9	833.0
广　西	2 824.9	882.8	2 755.2	861.0	2 798.5	874.5	2 719.0	849.7	2 988.5	933.9

（续）

省（自治区、直辖市）	2011年		2012年		2013年		2014年		2015年	
	鲜草产量	干草产量	鲜草产量	干草产量	鲜草产量	干草产量	鲜草产量	干草产量	鲜草产量	干草产量
重　庆	1 493.4	463.8	1 446.8	449.3	1 445.4	448.9	1 410.1	437.9	1 415.0	439.4
四　川	8 960.2	2 757.0	9 075.2	2 792.4	9 231.4	2 840.5	8 827.1	2 716.1	9 102.5	2 800.8
贵　州	2 934.9	917.2	2 861.3	894.2	2 826.4	883.3	2 970.9	928.4	3 099.2	968.5
云　南	4 730.8	1 469.2	4 653.3	1 445.1	4 650.5	1 444.2	4 745.0	1 473.5	5 404.1	1 678.2
西　藏	8 745.6	2 812.1	8 635.8	2 776.8	8 675.2	2 789.5	8 876.7	2 854.3	8 139.9	2 617.4
陕　西	2 267.1	717.5	2 560.5	810.4	2 598.4	822.4	2 439.3	772.1	2 408.5	762.3
甘　肃	3 840.0	1 207.5	4 220.1	1 327.0	4 198.8	1 320.3	4 027.5	1 266.4	3 929.9	1 235.7
青　海	7 695.2	2 450.7	8 486.6	2 702.7	8 133.8	2 590.3	8 145.6	2 594.1	7 709.2	2 455.1
宁　夏	402.4	138.8	463.9	160.0	452.2	156.0	445.8	153.8	379.5	130.9
新　疆	9 313.1	2 947.2	9 784.3	3 096.3	10 163.8	3 216.4	8 899.9	2 816.4	9 796.1	3 100.0
以上省区合计	93 043.3	29 105.2	97 930.9	30 654.3	98 333.4	30 781.7	94 375.8	29 539.4	95 542.1	29 887.1

表 5　2011—2015 年六大牧区及全国重点天然草原超载率情况

（单位：%）

省（自治区）	2011 年	2012 年	2013 年	2014 年	2015 年
西　藏	32	29	22	19	19
内蒙古	18	12	8	9	10
新　疆	30	24	19	20	16
青　海	25	16	14	13	13
四　川	37	29	19	17	13.5
甘　肃	34	27	19	17	16
全　国	28	23	16.8	15.2	13.5

表 6　2011—2015 年全国草原火灾发生情况

省（自治区）	2011 年			2012 年			2013 年			2014 年			2015 年		
	受害面积（公顷）	发生火灾次数	备注	受害面积（公顷）	发生火灾次数	备注	受害面积（公顷）	发生火灾次数	备注	受害面积（公顷）	发生火灾次数	备注	受害面积（公顷）	发生火灾次数	备注
河　北	0.0	0		0.0	0		0.0	0		0.0	0		0.0	0	
山　西	36.7	1		0.0	0		0.0	0		0.0	0		0.0	0	
内蒙古	12 293.0	15		121 532	31	重大 3 起 特大 2 起	30 650.1	31	重大 1 起	34 930.6	96	重大 1 起	106 929.5	38	特大 5 起
辽　宁	0.0	0		0.0	0		0.0	0		0.0	0		0.0	0	
吉　林	2 440.0	18		1 583.0	30		683.0	6		1 640.0	15		730.0	7	
黑龙江	400.0	5		10.0	1		10.0	2		13.2	1		7 806.0	12	
黑龙江农垦	15.0	1		20.0	1		0.0	0		258.4	6		1 542	3	
山　东	0.0	0		0.0	0		0.0	0		0.0	0		0.0	0	
四　川	717.5	10		2 682.3	26		358.3	10		277.4	11		399.7	4	
西　藏	0.0	0		0.0	0		0.0	0		0.0	0		0.0	0	
陕　西	0.0	0		13.0	1		147.0	1		400.0	2		0.0	0	
甘　肃	240.4	3		17.9	1		180.4	6		100.1	4		88.2	3	
青　海	1 167.7	24		483.1	9		1 690.3	28		468.9	20		481.4	17	
宁　夏	0.0	0		0.0	0		0.0	0		0.0	0		90.0	1	
新　疆	163.2	6		711.7	9		832.1	5		50.0	2		50.0	3	
新疆兵团	0.0	0		80.0	1		526.0	1		1 200.0	1		0.0	0	
合　计	17 473.5	83		127 133.1	110		35 077.2	90		39 338.6	158		118 116.8	88	

表 7　2011—2015 年全国草原鼠害发生情况

（单位：万公顷）

省（自治区）	2011 年	2012 年	2013 年	2014 年	2015 年
河　北	50.7	46.0	39.2	31.5	29.1
山　西	40.1	46.3	41.3	40.7	32.6
内蒙古	603.4	570.0	501.5	465.0	431.9
辽　宁	26.8	28.7	27.7	27.5	27.7
吉　林	49.9	40.9	39.7	34.8	32.1
黑龙江	66.1	66.9	61.5	35.2	17.1
四　川	308.1	304.0	301.6	299.0	292
西　藏	687.7	593.3	741.0	566.7	284
陕　西	73.3	63.1	64.8	76.5	70
甘　肃	498.5	487.3	459.7	438.7	405.3
青　海	833.3	862.8	871.9	888.3	754.7
宁　夏	57.9	36.4	33.5	25.9	21.5
新　疆	576.6	545.8	512.1	551.4	510.4
合　计	3 872.4	3 691.5	3 695.5	3 481.2	2 908.4

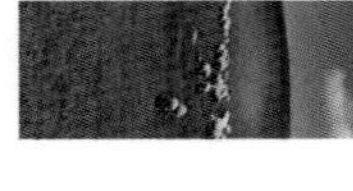

表8 2011—2015年全国草原虫害发生情况

(单位：万公顷)

省(自治区)	2011年	2012年	2013年	2014年	2015年
河 北	57.0	47.0	44.3	53.9	43.6
山 西	31.9	37.1	43.5	37.9	32.3
内蒙古	747.7	755.3	610.3	551.2	443.6
辽 宁	30.1	30.0	29.6	29.1	28.8
吉 林	37.3	39.5	29.1	33.7	28.2
黑龙江	60.1	59.7	47.0	31.1	24.5
四 川	82.7	83.5	86.9	78.3	86.1
西 藏	3.6	3.1	0.9	1.4	8.1
陕 西	35.1	37.4	35.2	30.9	24.7
甘 肃	146.6	133.6	139.1	132.1	127.7
青 海	166.4	199.6	165.4	133.1	118.9
宁 夏	71.2	65.1	44.6	30.5	35.1
新 疆	296.1	248.7	254.7	244.8	253.1
合 计	1 765.8	1 739.6	1 530.6	1 388.1	1 254.7

表 9　2011—2015 年全国草品种审定委员会审定通过的草品种名录

序号	登记年份	品种名称	申报单位	申报者	品种类别	适应区域
1	2011	闽牧 101 饲用杂交甘蔗	福建省农业科学院甘蔗研究所	曾日秋、洪建基、林一心、丁琰山、卢劲梅	育成品种	福建、云南、广东、广西等热带、亚热带地区
2	2011	韩国涟川短毛野青茅	北京草业与环境研究发展中心	武菊英、滕文军、袁小环、杨学军、温海峰	野生栽培品种	华北、西北地区
3	2011	林西达乌里胡枝子	中国农业科学院草原研究所、中国农业大学、林西县草原工作站	孙启忠、玉柱、陶雅、赵金梅、赵淑芬	野生栽培品种	东北、华北和西北干旱、半干旱地区
4	2011	中苜 4 号紫花苜蓿	中国农业科学院北京畜牧兽医研究所	杨青川、康俊梅、孙彦、郭文山、张铁军	育成品种	黄淮海地区
5	2011	公农 4 号杂花苜蓿	吉林省农业科学院	夏彤、耿慧、于淑梅、徐安凯、庞建国	育成品种	东北、华北和西北地区
6	2011	热研 21 号圭亚那柱花草	中国热带农业科学院热带作物品种资源研究所	刘国道、白昌军、王东劲、陈志权、严琳玲	育成品种	海南、广东、广西、云南、闽南、四川南部热带、亚热带地区
7	2011	兰箭 3 号春箭筈豌豆	兰州大学	南志标、王彦荣、聂斌、李春杰、张卫国	育成品种	青藏高原东北边缘地区和黄土高原地区
8	2011	闽育 1 号圆叶决明	福建省农业科学院农业生态研究所、福建省山地草业工程技术研究中心	翁伯琦、徐国忠、郑向丽、叶兰花、王俊宏	育成品种	福建、广东、江西等热带、亚热带（红壤）地区
9	2011	闽引 2 号圆叶决明	福建省农业科学院农业生态研究所、福建省山地草业工程技术研究中心	应朝阳、李春燕、罗旭辉、黄毅斌、翁伯琦	引进品种	福建、广东、广西、海南等热带、亚热带（红壤）地区
10	2011	怀柔禾叶山麦冬	北京市怀柔区园林绿化局	董学军、李贵友、杨旭春、刘长青、房利民	野生栽培品种	北京、河北、天津、山东及类似地区
11	2012	江夏扁穗雀麦	湖北省农业科学院畜牧兽医研究所	田宏、张鹤山、刘洋、蔡化、陈明新	野生栽培品种	适宜我国长江中下游地区冬春季节栽培利用

（续）

序号	登记年份	品种名称	申报单位	申报者	品种类别	适应区域
12	2012	剑江沿阶草	贵州省草业研究所	谢彩云、范国华、吴佳海、莫志萍、刘秀峰	野生栽培品种	适宜我国长江以南年降水量在800毫米以上的亚热带地区种植
13	2012	达伯瑞多花黑麦草	云南省草山饲料工作站、北京正道生态科技有限公司	马兴跃、杨仕林、吴晓祥、秦浩、赵国庆	引进品种	适宜我国南方年降水量在800～1 500毫米的地区冬闲田种植和北方春播种植
14	2012	晋牧1号高粱-苏丹草杂交种	山西省农业科学院高粱研究所	平俊爱、张福耀、杜志宏、吕鑫、李慧明	育成品种	适宜我国南北方年活动积温达到2 300℃以上的温带、亚热带地区种植
15	2012	阿德纳多花黑麦草	北京佰青源畜牧业科技发展有限公司、贵州大学动物科学学院	房丽宁、陈超、侯典超	引进品种	适宜我国西南、华东、华中等温暖地区冬闲田种草和北方春播种植
16	2012	苏植2号非洲狗牙根-狗牙根杂交种	江苏省中国科学院植物研究所	刘建秀、郭海林、陈静波、宗俊勤、郭爱桂	育成品种	适宜我国长江中下游及以南地区种植
17	2012	彩云多变小冠花	甘肃创绿草业科技有限公司、甘肃农业大学草业学院	曹致中、马乐元、王敬龙、秦爱琼、崔亚飞	育成品种	适宜我国西北、华北及南北气候过渡带种植
18	2012	闽育2号圆叶决明	福建省农业科学院农业生态研究所	徐国忠、翁伯琦、郑向丽、叶花兰、王俊宏	育成品种	适宜我国福建、广东等热带、亚热带红壤地区种植
19	2012	闽南饲用（印度）豇豆	福建省农业科学院农业生态研究所	李春燕、罗旭辉、应朝阳、林永辉、陈志彤	地方品种	适宜我国热带、南亚热带地区种植
20	2013	牡丹江秣食豆	东北农业大学	崔国文、胡国富、王明君、殷秀杰、陈雅君	野生栽培品种	适宜在东北北部及内蒙古东北部种植
21	2013	松嫩秣食豆	黑龙江省畜牧研究所	李红、罗新义、杨曌、黄新育、杨伟光	地方品种	适宜在东北、内蒙古东部等类似地区种植
22	2013	泰特Ⅱ杂交黑麦草	四川省金种燎原种业科技有限责任公司、凉山彝族自治州畜牧兽医科学研究所、四川农业大学	李鸿祥、傅平、王同军、姚明久、张新全	引进品种	适宜在长江流域及以南，在海拔800～2 500米，降水800～1 500毫米，年平均气温10～25℃的温暖湿润地区

（续）

序号	登记年份	品种名称	申报单位	申报者	品种类别	适应区域
23	2013	淮扬金花菜	扬州大学、扬中市绿野秧草专业合作社	魏臻武、曹德明、武自念、李伟民、雷艳芳	地方品种	适宜在长江中下游地区种植
24	2013	长白稗	吉林省农业科学院	于洪柱、徐安凯、王志锋、刘卓、栾博宇	野生栽培品种	适宜在黄河以北地区的农区、草原、轻中度盐碱化土地等区域种植
25	2013	陇东达乌里胡枝子	甘肃创绿草业科技有限公司、甘肃农业大学草业学院	曹致中、马彦军、于林清、柴永青、邹伟	野生栽培品种	适宜黄土高原半干旱、半湿润地区和北方类似地区种植
26	2013	甘农 7 号紫茶苜蓿	甘肃创绿草业科技有限公司、甘肃农业大学草业学院	曹致中、徐智明、吕文坤、赵春花、柳茜	育成品种	适合我国北方温带地区，尤其适合在西北内陆绿洲灌区和黄土高原地区推广种植
27	2013	康巴老芒麦	甘孜藏族自治州畜牧业科学研究所、甘孜州康定情歌牧人有限公司	龙兴发、蒋忠荣、李太强、朱连发、杨秀全	野生栽培品种	适宜在川西北高原寒温带草甸地域及其类似生境地区种植
28	2013	都柳江马蹄金	四川农业大学、贵州省草业研究所、温江区天府草坪园艺场	于友民、付薇、刘伟、彭燕、邱常兵	野生栽培品种	适宜在我国西南区海拔 2 000 米以下平原、低山丘陵及其他类似生态地区种植
29	2014	中苜 5 号紫花苜蓿	中国农业科学院北京畜牧兽医研究所	杨青川、康俊梅、张铁军、孙彦、郭文山	育成品种	适宜在黄淮海地区种植
30	2014	滇北鸭茅	四川农业大学、云南省草地动物科学研究院	张新全、彭燕、曾兵、黄琳凯、钟声	野生栽培品种	适宜西南地区温凉湿润的丘陵山地种植
31	2014	同德无芒披碱草	青海省牧草良种繁殖场、中国科学院西北高原生物研究所、青海省草原总站、同德牧场农牧技术服务专业合作社	汪新川、周华坤、李健辉、窦全文、乔安海	野生栽培品种	适宜于在海拔 2 200～4 200 米高寒地区种植
32	2014	晋农 1 号胡枝子	山西农业大学	赵祥、朱慧森、杜利霞、董宽虎、姚继广	育成品种	适宜我国华北、西北降水量350～700 毫米温暖半干旱半湿润地区种植

(续)

序号	登记年份	品种名称	申报单位	申报者	品种类别	适应区域
33	2014	杰特多花黑麦草	云南省草山饲料工作站	吴晓祥、李鸿祥、马兴跃、杨仕林、梁新民	引进品种	适宜在长江流域及以南的冬闲田和南方高海拔山区种植
34	2014	紫色象草	广西壮族自治区畜牧研究所	赖志强、易显凤、蔡小艳、姚娜、赖大伟	引进品种	适宜我国热带、亚热带地区种植
35	2014	龙江无芒雀麦	黑龙江省畜牧研究所	李红、罗新义、杨曌、黄新育、杨伟光	野生栽培品种	适宜我国北方寒冷地区种植
36	2014	新苏 3 号苏丹草	新疆农业大学	张博、李卫军、王玉祥、李陈建、隋晓青	育成品种	适宜我国南方或北方无霜期 130 天以上有灌溉条件的地区种植
37	2014	中科 1 号羊草	中国科学院植物研究所	刘公社、齐冬梅、刘辉、李晓霞、侯升林	育成品种	适宜我国北方种植，可作为优良牧草用于人工草地建植和退化草地改良，以及水土流失地区生态治理
38	2014	花溪芜菁甘蓝	贵州省草业研究所	牟琼、吴佳海、杨义成、王应芬、李娟	地方品种	适宜我国贵州省丘陵山地种植
39	2014	华南假俭草	华南农业大学农学院	张巨明、李志东、黎可华、解新明、刘天增	野生栽培品种	适宜我国热带、亚热带地区种植
40	2014	新偃 1 号偃麦草	新疆农业大学	李培英、阿不来提、孙宗玖、张延辉、赵清	育成品种	适宜我国北方干旱、半干旱地区种植
41	2014	京草 2 号偃麦草	北京草业与环境研究发展中心	孟林、毛培春、乌艳红、田小霞、郭强	育成品种	适宜我国北方干旱、半干旱地区种植
42	2015	WL343HQ 紫花苜蓿	北京正道生态科技有限公司	邵进翚、齐丽娜、李鸿强、周思龙、朱雷	引进品种	适于我国北京以南地区种植
43	2015	草原 4 号紫花苜蓿	内蒙古农业大学生态与环境学院	特木尔布和、米福贵、石凤翎、王建光、云锦凤	育成品种	适宜在我国山东、河北、内蒙古中南部、陕西、山西等省区种植
44	2015	鄂牧 5 号红三叶	湖北省农业科学院畜牧兽医研究所	张鹤山、刘洋、田宏、熊军波、陈明新	育成品种	适宜淮河以南、长江流域及云贵高原地区推广应用

（续）

序号	登记年份	品种名称	申报单位	申报者	品种类别	适应区域
45	2015	提那罗新罗顿豆	云南省农业科学院热区生态农业研究所	龙会英、张德、史亮涛、朱红业、金杰	引进品种	适宜在我国热带、亚热带地区的广东、广西、海南、福建、湖南及云南的大部分热区种植，尤其适宜在年降水量在600～1 300毫米的金沙江、红河等干热河谷地区种植
46	2015	崖州硬皮豆	中国热带农业科学院热带作物品种资源研究所	虞道耿、刘国道、白昌军、钟声、罗丽娟	地方品种	适宜在长江以南、亚热带中低海拔气候区，作为夏季短期性豆科牧草种植；在南亚热带及更热地区，常用于果园、经济林等地表覆盖作物种植或用作热带地区多年生草地先锋豆科牧草种植
47	2015	公农广布野豌豆	吉林省农业科学院	周艳春、徐安凯、王志锋、于洪柱、任伟	野生栽培品种	适宜吉林省东部山区、中部平原地区，或同等条件北方较湿润地区种植
48	2015	兰箭2号箭筈豌豆	兰州大学	南志标、王彦荣、聂斌、张卫国、李春杰	育成品种	适宜黄土高原和青藏高原海拔3 000米左右的地区种植
49	2015	川北箭筈豌豆	四川省农业科学院土壤肥料研究所、四川农业大学、四川省金种燎原种业科技有限责任公司	林超文、朱永群、彭建华、罗付香、黄琳凯	地方品种	适宜于年降水量600毫米以上，海拔500～3 000米的亚热带地区作为饲草种植
50	2015	阿索斯鸭茅	贵州省畜牧兽医研究所、贵州省草业研究所	尚以顺、谢彩云、陈燕萍、李鸿祥、宋明希	引进品种	适宜华南地区海拔600～3 000米，降水量600～1 500毫米，年均温低于18℃的地区种植
51	2015	皇冠鸭茅	北京克劳沃种业科技有限公司	苏爱莲、王跃栋、刘艺杉、刘昭明	引进品种	我国温带至中亚热带地区
52	2015	英都仕鸭茅	云南农业大学	马向丽、毕玉芬、任健、姜华、李鸿祥	引进品种	南方海拔600～3 000米，降水量600～1 500毫米，年均气温<18℃的温暖湿润山区及北方气候湿润温和地区

（续）

序号	登记年份	品种名称	申报单位	申报者	品种类别	适应区域
53	2015	剑宝多花黑麦草	四川省畜牧科学研究院、百绿（天津）国际草业有限公司	梁小玉、季杨、易军、郃建辉、周思龙	引进品种	适宜我国西南、华东、华中温暖湿润地区种植
54	2015	图兰朵多年生黑麦草	凉山彝族自治州畜牧兽医研究所、四川省金种燎原种业科技有限责任公司	王同军、姚明久、傅平、卢寰宗、李鸿祥	引进品种	适宜长江流域及以南地区，海拔800～2 500米，降水量700～1 500毫米，年平均气温<14℃的温暖湿润山区种植
55	2015	肯特多年生黑麦草	贵州省草业研究所、贵州省畜牧兽医研究所	陈燕萍、尚以顺、杨菲、孔德顺、李鸿祥	引进品种	适宜长江流域及以南，海拔800～2 500米，降水量700～1 500毫米，年平均气温<14℃的温暖湿润山区种植
56	2015	格兰丹迪多年生	北京克劳沃种业科技有限公司	苏爱莲、侯湃、刘昭明、王圣乾	引进品种	适宜在我国南方山区种植，尤其在海拔600～1 500米，降水量1 000～1 500毫米的地区生长
57	2015	川中鹅观草	四川农业大学小麦研究所、西南大学荣昌校区	周永红、张海琴、凡星、曾兵、康厚扬	野生栽培品种	适宜长江流域亚热带降水量400～1 700毫米，海拔500～2 500米的丘陵、平坝、林下和山地种植
58	2015	同德贫花鹅观草	青海省牧草良种繁殖场、青海省草原总站、青海省畜牧兽医科学院、中国科学院西北高原生物研究所	汪新川、周华坤、雷生春、乔安海、侯留飞	地方品种	适宜在青藏高原海拔2 200～4 000米，年降水量400毫米以上的地区种植
59	2015	康巴变绿异燕麦	四川省草原工作总站、甘孜藏族自治州草原工作站、四川省金种燎原种业科技有限责任公司	何光武、张瑞珍、马涛、刘登锴、姚明久	野生栽培品种	适宜于在海拔2 000～4 000米，年降水量400毫米以上地区可以种植

（续）

序号	登记年份	品种名称	申报单位	申报者	品种类别	适应区域
60	2015	吉农 2 号朝鲜碱茅	吉林省农业科学院	徐安凯、刘卓、王志锋、齐宝林、任伟	育成品种	适宜在我国东北、华北、西北地区盐碱地种植
61	2015	苏植 3 号结缕草	江苏省中国科学院植物研究所	郭海林、宗俊勤、陈静波、刘建秀、郭爱桂	育成品种	适宜北京及以南地区作为观赏草坪、公共绿地、运动场草坪以及水土保持草坪建植
62	2015	华南铺地锦竹草	华南农业大学林学与风景园林学院、广州市黄谷环保科技有限公司	张巨明、黄爱平、黄韬翔、解新明、黄永红	野生栽培品种	适宜在我国长江以南亚热带、热带地区种植
63	2015	伊敏河地榆	内蒙古和信园蒙草抗旱绿化股份有限公司	王召明、高秀梅、田志来、李晶晶、李彦飞	野生栽培品种	适宜在我国北方半干旱区种植
64	2015	闽育 1 号小叶萍	福建省农业科学院农业生态研究所	徐国忠、郑向丽、王俊宏、黄毅斌、林永辉	育成品种	适宜在温暖湿润的多水地区种植